寺からの手紙

元気をもらう98章

影山妙慧 著

国書刊行会

はじめに

いま思い起こすと、現代のごく普通の家から、江戸時代のような寺の世界に嫁いで体験したことはとても貴重でした。寺に来て驚いたことは、すべての部屋が畳の部屋であること、檀家さんの集まる部屋が広いことでした。お寺の生活自体は普通の家と変わりませんが、私の寺では、朝起きてヨーガ体操、瞑想の後に住職と大きな声でお経を読んでいました。朝夕のお経が修行になっていたのだと思います。お勤めという形で修行させていただけたことで、イヤなこと、嬉しいことのすべてをご本尊に報告し、引き取っていただき、そのことが自分を見つめる時間になっていたのです。

住職が本山泊まりのときには、檀家の奥さんたちが泊まりに来て、地元のお料理を差し入れたり、昔からの風習を教えてくださいました。そんなふうにして、檀家の方がお寺に集まったり、なにかと相談したりして、身近なお寺になっていました。地域にあるお寺さんとして大事にされ、守っていただきました。

私が子育てをしているころは、子育て親子のたまり場になっていたお陰で、私も子どもも賑やかな子育て期間を過ごさせていただきました。女性にとって一生のうちの大仕事である、妊娠、出産、育児をまわりの方たちのアドバイスで過ごすことができました。

母乳育児は自然育児法の山西みな子先生に直接お話を聞き、「母乳には和食（ご飯とみそ汁）がいいのよ。もし夫がパン食なら、自分だけでもコンビニのご飯とインスタントのみそ汁にしなさいね」、「牛の乳より母の乳で育てなさいね」とおっしゃっていたのを思い出します。母のぬくもりは何物にも代えがたいものです。それは、母の血を分けたということなのだと思います。

子育ては大妻女子大学・平井信義先生の「叱らない子育て」、シュタイナーの「7歳までの幼児教育（就学まで文字など教えず身体で遊ぶ）」を参考にいたしました。子どもが思いつくままに自由に行動するのを見守るということは、思いの外大変でした。お寺の障子をびりびりに切ってしまったり、子ども動物園ではあひるの池に飛び込みそうになって、園内放送で止められたりしました。それをニコニコしながら目を離さないでいるのは大変でしたが、子どもが自分で考え、思いもしない行動を取ることで驚き感動しました。野生児と言われながらも、元気に育った子どもたちを見ると、自由に子育てさせていただけた環境に感謝しています。

また、「お寺は精進料理」と思いつき、道元禅師《どうげんぜんじ》の『典座教訓《てんぞきょうくん》』、当時はあまり耳にしなかったマクロビオティックという玄米菜食を実践してみました。精進というのは肉や魚を食べないことではなく、心も身体も安定させて、修行しやすい身体を作ることです。インド医学のアーユルヴェーダを学んで、体質によって好みや食べてよいものが違うこともわかりました。食べ物は身体も心も作るものです。お陰で子どもたちは野菜が大好きです。

お寺で悩みごと相談を始めてからは、相談があるごとに住職が暦を使って答えている姿を見ていました。家を建てるときの方位や時期が人の体調にも影響が出ることで、九星気学《きゅうせいきがく》の大切さや女性に多い冷え性に効くツボがあることを知り、東洋医学の経絡《けいらく》や陰陽五行《いんようごぎょう》が大切であることも知りました。後でわかったことですが、寺の造りは和室で正座やあぐらが普通であり、トイレでしゃがむことは足首を柔らかくして血の巡りをよくするためにもよいわけです。このようなことが、僧侶生活にすべて通じるものがあることがわかり、嬉しくなってしまいました。

いまはお寺でヨーガ教室、アーユルヴェーダのトリートメントと玄米食のランチをお出ししていますが、どんなささいなことでも、困ったことがあったら気軽に話せる場所にしたいと思っています。お寺は心も身体も元気にする場所だから。

本書は寺報「まごころの声」に平成8年（1996）から現在まで掲載したものをテーマ別に編集し、加筆訂正いたしました。当時のいろいろな出来事と組み合わせて書いていますので、それぞれの項目の末尾に執筆の年月を入れさせていただきました。

このお寺の生活をつづったささやかな書が、寺庭さん（寺の奥さん）をはじめ、お寺に感心を寄せる多くの方々の参考となれば、望外の喜びです。雰囲気を出すため、ところどころに自描のイラストを添えてみました。

最後に、本書を出版するにあたり、応援してくださった国書刊行会の佐藤今朝夫社長、つたない文章を直してくださった編集の畑中さん、いつも、どんなときでも厳しく、あきらめずに指導してくださった、師であり夫である教俊上人、大好きな子どもたち、札幌の母に感謝しております。本当にありがとうございました。

平成21年9月吉日

妙　慧記す

寺からの手紙　目次

苦しみからの脱出

人との関わりを大切に

女性・母親・家庭

子育て・教育

家族・親子・夫婦

病気と養生、死と看取り

食＝「いのち」をいただく

エコ＝愛のある暮らし

日本人らしく生きる

仏教＝祈りと救い

お寺と僧侶のあり方

本文挿入画・カバー絵／影山妙慧
装幀／久保和正デザイン室

苦しみからの脱出

自信をなくすと行き場をなくす

人にはそれぞれ親から受け継いだ心があり、大切に守っている部分が違うものです。

近ごろは、誰かに注意されたり批判されたりすることを極端に嫌う人が多くなっているように思えます。

ことの是非は別として、誰かに注意されたときに明るく振る舞うことは、口で言うほど簡単ではありません。ましてそれが自分の大切にしている生き方であればなおさらのこと、どうしてもこだわり、わだかまってしまうものです。

きっとそこには、自分だけの問題ではなく、自分の親の生き方までもかかわってくるので、絶対にさわられたくない、誰にもとやかく言われたくない、という感情が動いているからなのでしょう。

そして、人がこの感情に流されたとき、「誰にも言われたくない！」と固まりになって身構えることで心は緊張し、それどころか注意されることを恐れるあまり身体さえもこわばり、結果として同じ失敗を重ねてしまうことになります。

こんなふうに失敗を重ねてしまうと自信がなくなり、「もう二度とそのことはやらない、そこへは行くまい、その人とは会うまい」と、ほかの人から見るとなんでもないことで、自分自身の生き方を狭めてしまう心のパターンが生まれます。

こんな心のパターンにおちいっているとき、そこから抜け出すために、いままで大切にしていたものが本当に大切なものなのかどうかを、もう一度考え直してみることが一番の近道です。

そして、親から受け継いできた家のカルマ（業《ごう》）を見つめ直し、どんなものにも緊張しないで対応できる自分、柔軟な自分をつくることで、「なにも言われたくない！」と固まり身構える、かたくなな心を取り去ることです。

イヤなことがあったとき、自分の生き方を狭めてしまうような心のパターンが生まれそうなとき、お経を朗々と唱えて、なんでも受け入れられる自分をつくることです。

「言うは易し、行なうは難し」ですが、お経を唱えるときには、大きな暖かい光をイメージして、お経を万物を創り守りつづける「神の光明」として戴いてください。わたしたちの身体の中に、すばらしい生命エネルギーが湧き上がり、かたくなな思いを癒《いや》してくれるはずです。

そして、本当の自分のすばらしさに気づき、こだわらなくなった自由な自分に感動することでしょう。

（1996・3）

自分のことも振り返る

人生は山あり谷ありと言いますが、「一生懸命やっているのに、どうしてつらいことばかり起こるのか！」とおっしゃる方がいます。

お寺のカウンセリングでは、つらいことがあるということは「楽になることのキッカケなのですよ」とお話ししています。しかし、このキッカケを乗り越えられず、誰かのせいにして逃げたくなるのが人情です。

それは、自分が一番大切だからです。でも、逃げてばかりいては、いつまでも同じところをグルグル回っていて、つらくて仕方がないのです。

原因は、自分が大切だと思って「これだけは!!」と守っているものが、じつは自分自身を縛っているからです。

たとえば、「人に後ろ指だけはさされずに生きよう!!」と思うと、かえって人の目が気になり、自分のしたいことができなくなり、苦しむ結果となります。

楽になれると思って始めたことが、結局、自分の首を絞めているのです。このことに気がついたら、やはり、つらいことは「楽になるためのキッカケ」なのです。

本当に大切なことは、自分が楽しくなれることです。いま、あなたがつらいことばかりで苦しいと思っているのなら、身体と心をゆったりとリラックスさせ、自分を見つめてみましょう。


（1997・5）

苦しいときこそ神頼み

人は苦しいとき、苦しんでいる自分に酔いしれて、「苦しい、苦しい」と遊んでしまっていることがあります。そして、自分の言葉だけで、自分の状況を理解しようとします。ところが、苦しいときの脳の働きは、いつも同じネタでぐるぐる回って、そこから脱出することがありません。考えているような気がしているのに、ちっとも楽になれず、同じ考えの中でもがいているわけです。

そんなときこそ神にすがること、たとえば「仏壇で手を合わせる」「お経を読み、お唱えする」ことです。

苦しい自分に執着している心から離れて、自分を見つめる時間をもつこと、空白の時間をもつことで、新しい考えを授かることができるのです。

もしみなさまの子どもが思ったように言うことを聞かなかったり、家族がバラバラだったり、なにかつらいことがあるときは、自分が走っている車のスピードをゆるめ、自分の理想を見直すために、ぜひお経を唱えてください。

苦しいときこそ、新しい自分を発見する良い機会です。かならず、あなたの健全な心の中から答えが出てくるはずです。

（1998・2）

自分の癖に気づく

人は誰でも幸せになりたいと願っています。苦しいことも、つらいこともイヤに決まっています。

まじめに生きているつもりなのに、苦しいことはやってくる。一生懸命やっているはずなのに、まわりの人はわかってくれない。まじめにやってきた自分がバカみたいに思えるときがあると思います。

なぜ仏教では、望んで苦しい修行をするのでしょうか？　日常の生活に流されやすい自分のパターン（癖）に気づき、それを止めるためなのです。

まじめに一生懸命やっていても、肩に力が入ってカチカチだったり、緊張したりしていては、まわりの人も自分も楽しくないはず。知らないうちに、いつもの自分に戻り生活に流されていることに気づき、やわらかい心で時を過ごすことができたら、きっと優しい気持ちになれるはずです。

生まれたときからつきあっている自分の持ち味って、どんなものなのでしょう？　なにげなく出た言葉で、まわりの人を傷つけていることもあるかもしれません。少し離れたところから自分を見つめることも大切です。

自分や家族のためにお経を唱えて、みんなが幸せで楽になれるように大きなお祈りをしましょう。

（1998・4）

起こってくる出来事を受けとめよう

わたしたちはいつも、自分の意志で生きていると思っています。宗教的にいうとご神仏さまに生かされているはずなのですが、つい「自分の考えでこうしているのに、どうしてこんなことになったの？」とか、「どうしてわたしだけがこんな目にあうのだろう」と思ってしまいます。

たとえば、ほとんどの女性は結婚や子育てにとっても高い理想を描いています。すてきな家を建てることや、親子でケーキ作りをすることなど、それに向かってまっすぐ生活していくことが楽しいものです。

でも、困難（試練）というのは突然やってきます。誰でもといってもよいほど出会ってしまいます。

そんなときは、「わたしは悪くない」と何度唱えても、空回りするばかりです。「みんなが出会っている苦しみですよ」と言っても、気休めにしかなりません。

この試練で「わたしはなにか大きく進歩するんだ」と思うしかないのです。そして「かならず楽しい人生が開かれる」と信じて、その出来事を受けとめましょう。ジタバタせず、じっと自分を見つめることが一番の早道です。

乗り越えられるからこそ与えられた出会いを信じましょう。そして、お経を唱えて「素直な本当のわたしを教えてください」と願いましょう。

（2000・5）

心のベールを取り去る

悩みごと相談の窓口で、たくさんの人の話を聞いていますと、人の苦しみ、心の癖というのは、いつも自分を守ろうとする部分に、無意識に反応し、自分自身でイヤだと思う点をしっかり確認しないと、ぐるぐる回る堂々めぐりのようになってしまうものです。

自分にとってイヤなパターンという出来事が起こります。

たとえば、苦手な人に会わなければならないと思うと、どんなに話のシミュレーションをしていても、本番では緊張し、相手のペースにまきこまれて言いたいことも言えず、言われっぱなしになってしまうことなど、よくあることだと思います。

人は生まれてきて、物心つくまでに親、兄弟、環境によって受けるたくさんの問題から自分を守るために、心にたくさんのベール（覆《おお》い）をかけ育ってきます。ベールが本当の自分を隠しています。

そして、それに気づいたときから、そのベールを1枚ずつ取り去り、本心の自分を見つけることが、一生の修行なのではないかと思っています。

それは与えられた自分の人生を、しっかり受けとめることから始まります。「なぜ、わたしばかりがつらいのか」ではなく、楽しいことを発見することが仏教の教えなのです。

お釈迦さまのすばらしい教えに感謝し、お経を唱えましょう。

（２００１・２）

こだわる心から脱けだす

日常生活の中で、どうしてもがまんできないイヤなことがあります。

「嘘をつくこと」「時間を守らないこと」「約束を守らないこと」「出したものをしまわないこと」「言い訳ばかり言うこと」……

自分に余裕があって悠然としていられたら、どれも許せることなのに、なぜか誰かにせかされるように、いつもゆっくりできず、楽しめないのです。

自分が楽しめないから、いっしょにいる人が楽しんでいると、イヤになることがあります。

それは、その人がイヤなのではなく、自分が自分らしくなくなっているからなのです。「自分らしい自分はこれでいいのか」と確認したくなります。本当に自分らしい自分は、親から受け取ったものからも、まわりの人の目からも拘束されない素直な自分です。

一番大切な自分を見つけましょう。正しいこととまちがっていること、すべての価値観を解き放ち、こだわっている心を忘れ、違う世界の自分を感じましょう。

お経によって体験する「自分」を知ってみてください。

（2001・5）

自分を見つめ直す

人生の折り返し点を過ぎたら、いままでの失敗やイヤな思い出を、やっと見つめ直すことができるようになりました。

何度も何度も失敗をくりかえすうちに、緊張から慌ててしまう自分を認められるようになったのです。

それは誰か他人にたいする緊張なのですが、その誰かが悪いと思い込んでいた、おかしな自分と、わたしはずっとつきあってきたわけです。

「いやー慌ててしまって……」と言えるようになるまでは、失敗しないようにと、固まりになっていた自分がいました。

そんな考えで、小さな小さなものにこだわると、ミクロの世界まで追求してしまいます。それを考えている自分をもう一度、外から見てみるとこっけいでした。

簡単なことなのに、そのことに気づくまでは、針の穴より小さくなっている自分の意識にしばられていました。その小さな針の穴から広くひろげた気持ちで、日々生活できればゆったりできるのに……。

なかなかすぐには実行できないことですが、少しずつ広げていきたいと思います。

（2004・3）

自分に原因がある

毎月、カウンセリングの講座（すこやか家庭児童相談室主催）を受けていて、いままで自分が感じていたことが普通ではなく、どこか変なところがあることに気づきはじめました。

自分の心の動きが不自然なことに、自分では気づいていないものです。ただ不快だということが心に上がってきて、イライラしたり、悲しくなったりするのです。

それを自分のせいだと認められず、誰かが自分を不快にさせていると感じてしまう。「これはいけない」と思いつつも、自分の見た目が気になり「自分は悪くない」と思いたいのです。

わたしの場合は住職の妻であるという立場から、「周囲に自分自身の不快感や戸惑いを見せてはならない」という思い込みによって、そのことでわけもなくイライラしたり、子どもに厳しくしたりするような、屈折した態度が出てしまい、本当につらいときがありました。

半年以上もこのような時を過ごして、カウンセリングの講座を聴いたある日、突然「自分に原因がある」ことに気づき驚きました。

考えてもみないことでした。自分の姿にとらわれ、心の声を隠すことで、自分を曲げていたのです。

起こってくるできごとのすべてに原因があり、そして結果がある。

仏教が教えてくれる「因果《いんが》」というものを言葉では知っていても、まったくその意味がわからずに生活していた自分が恥ずかしい！　寺にいるからこそ見えない自分がありました。

これから起こってくる出来事にも、イヤなことや不快なことがあると思いますが、住職がいつも言っている「いま自分の目の前にあるメニューを食べないと、つぎは出て来ない」という言葉のとおり、出会うべきことに向き合っていきたいと思います。

自分の自由な心を解き放ちましょう。

（２００４・５）

執着から離れる

人は生まれると、生老病死《しょうろうびょうし》の四苦《しく》にさいなまれます。生きたいから食べる、できれば美味しいものを食べたい。

老いたくないから、若さを保つ努力をする。美しくありたいから、高い化粧品を買ったりする。

病気になりたくない、病に倒れたくないから病院にかかる。未病を防ぐため、健康によいと思われるものを食べる。

とりあえず健康面が満足したら、人より美しくなりたい、お金持ちになりたい、えらくなりたいと、欲望は限りない。

じつは、「こうなれば幸せなのに」と文句ばかりを言っている自分は、幸せなのか、不幸なのか？　本当は、日々生きていけるということは幸せなのだと思います。

「子どもたちが元気でいてくれるだけで幸せだ」と思っていたのに、「もっと勉強すれば受験のときに困らないのに」とか、「もっとスポーツがんばれば大会にも出られたのに」と、限りなく期待してしまいます。

子どもたちにしてみれば、先回りして線路を引かれたようでイヤになるでしょう。

自然の力、大きな生命のエネルギーは、わたしたちの理解できない道を示します。「こうしたい」と思って進まずに、その力に身をあずけ、感謝して生活すると、きっと良いことが起こると思います。

自分で考えて、自分の業をつくった執着から離れ、力を抜いてあずける時間をもつことが大切だと思います。

まわりのたくさんの方々の幸せを祈り、お経を唱えましょう。

（2005・2）

悪いことは良いことのきっかけ

わたしたちは、裸で母から生まれてきて、着るものから食べるもの、たくさんのものを親から与えてもらい、いろんな人に助けていただき育ってきました。

親はみな、「子どもが幸せでありますように、苦労をしませんように」と祈ってくれています。

振り返ってみますと、苦しいとき、そこから逃げずに過ごし、それを乗り越えたあとには、かならず明るい結果が待っていたように思います。

それは自分が思い描いた結果ではないことも多いのですが、新しい道が開けたあと、「苦しいときこそなにかに気づき、それが楽になるためのキッカケになったのだ」と思うのです。

昔から「若いときの苦労は買ってでもしろ」と言います。実際に困ったことが起こるとじたばたしてしまいますが、そのとき考えていることを手放して、苦しいときこそその神頼みで「なるようにしてください」と祈ると、かならず救いの縁が開かれてくるように思います。

目を閉じてお経を唱えましょう。そして、まわりのみんなの思いやりを感じましょう。

（２００６・３）

人との関わりを大切に

普通がいい

お寺のカウンセリング・ルームでは、よくみなさんに「普通にしていること」をお願いするのですが、じつはこの〝普通〟ほどむずかしいものはないと思うくらい、人それぞれの感じ方が違うのです。

誰も好んでトラブルを起こす人はいないと思いますが、トラブルの背景には不健康な〝緊張〟があります。「失敗したくない」「よく思われたい」「叱られたくない」などです。人のこのようなマイナス・イメージの裏には、そのことを意識するために「もし失敗したら！」「もし悪く思われたら！」「もし叱られたら！」の緊張感が隠されています。

そして、そんなふうに緊張すると〝普通〟ができなくなり、「失敗したらどうしよう！」と緊張に余分なエネルギーを使ってしまい、それでかえって行動がぎこちなくなり、失敗してしまうというケースが多くなります。

人間関係で無視されることを極端に恐れる人がいますが、その無視されることを恐れる感情が行動をギクシャクしたものにし、まわりの人と調和できない不似合いな行動をとってしまったり、突拍子もない言葉を発してしまったりすることになります。

それがまわりの人をあきれさせたり、おかしな奴だと思わせるキッカケになったりします。とくにそのとき「おかしいぞ」と言われたりすると、つぎにはそう言われまいと緊張し、妙にしゃべりすぎたり、逆に言いたいことを飲み込んでしまったりするなど、両極端に走ってしまうものです。

このとき、この両極端の中間にある、どちらでもない〝普通〟の態度が取れることがとても大切なのです。

もしあなたが人間関係で緊張し、こんな感情にさいなまれているなら、ご本尊におすがりし、目を閉じて「なぜ、わたしはこのことにこんなにこだわるのか？」と尋ねてみてください。

そして、幼いころに育てられた感情、ものの感じ方をもう一度、「本当にこれで良いのか」尋ねてみてください。

すばらしい心は、かならずみなさんの中に息づいています。毎日少しの時間でも心静かにお経を唱え、瞑想し、心を浄《きよ》め、業《ごう》を浄めましょう。

（1996・2）

謝ることがむずかしい

近ごろ、ちゃんと謝るということが、とてもむずかしいことに気づきました。

子どものけんかなどでも、「すぐ謝りなさい！」と言っても、子どもにもいろいろと言い分があって「謝りたくない」「自分は悪くない」と言い張るときがあります。

大人も同じだと思います。誰も相手を傷つけたくて言ったり、したりしないにもかかわらず、受け取り方やタイミングで思い違いしてしまったり、気まずくなったりすることがあります。

「自分はこんなにがんばっているのに」という気持ちが強ければ強いほど、「わたしを認めてほしい」という気持ちが起こり、「なぜ、謝らなくちゃならないの？」と思ってしまうのです。

こんなときは、軽い気持ちでさっさと謝ったり、声をかけたりしたほうが、おたがいずっと楽だとわかっているのに、ズルズル時間を過ごしてしまう。

いつも心のどこかで、「わたしは悪くない」という言葉で言い訳している自分がいることに気がつきます。なぜ、謝りたくないのか？　相手に嫌われるから？　ひどくののしられるから？　自分が負け犬のように顔を上げられないから？

「正しい、正しい」と百遍言っても、人間関係はうまくいきません。「ごめんなさい」の一言で、なんでもない普通の自分にもどれることもあります。気にするべき本当の相手は自分なのです。

自分を守ろうとする心の動きが、人を不自然な行動へと駆り立てます。静かに瞑想して、自分の本当に大切にしたいものはなにかを思い起こしてみましょう。


（1998・9）

出会いを大切に

人は生まれてから約2000人の人と知り合うといわれます。自分にとってとても居心地の良い人、わけもなくつかれる人、イヤな人、言い寄ってくる人など、たくさんの人と知り合います。

「袖《そで》振《ふ》り合《あ》うも他生《たしょう》の縁《えん》(多少の縁ではありません)」といいますが、前世からつながれていた糸によって知り合うという意味です。ですから、初めて会ったのに昔からの知り合いのような気がしたりするわけです。

ところで、大切にしなければならないのは、イヤな人、嫌いな人です。イヤだと思う気持ちの中に、自分と同じ癖を相手がもっていたり、自分の親と似ていたりすることがあります。

苦しいと思って逃げることを考えていると追ってくる。どんどん、がんじがらめになっていくことがあります。おそらく、その癖をもっている人にたいして、「自分もそういう態度を取っているな」と無意識に気づいているからでしょう。

そんなときには「同じ態度をしているな！」と気づいて、そういう人との出会う縁を受け入れることです。「なんてひどい人！」と思っても、どうしてひどいことをしているか考えてみると、納得できることもあります。

昔から引きずってきた自分の癖と向き合い、イヤな人との出会いを受け入れてみましょう。その後に知り合う人とは、はるか昔からの家族と思える出会いとなるでしょう。

限りある人生の中で、どれだけ自分にこだわらず素直になれるか、そのことに気づくために瞑想しましょう。

（1998・11）

まず自分が変わる

たくさんの方の相談を受けていますと、「自分は正しいことをしているのに、相手が悪いことをしているからこんなにつらいのだ！」と思っている方が意外に多いことに気づきます。

たしかに、はた目にも、相談されているご本人より相手のほうが悪いということはわかるのですが、わたしどもはその悪循環を変えるために、あえて「自分が悪かったことを認め、そこから新しいことが始まるのを待つように」とお伝えしています。

多くの方は、悪いことを「それは悪い！」とすぐに正すことで、早く新しい環境に変わるようにと、ジタバタしてしまうものです。

しかしながら、環境を変えるには、時間が必要です。ゆっくりと時間をかけて、機が熟すのを待つことです。悪いことを毛嫌いするのではなく、それを認めて待つこと、それは簡単なようで、とてもむずかしいことです。

「イヤだ！」という気持ちが起きたら、ゆっくりと呼吸をして、良い方向を気づかせていただけるように、ご神仏の声に耳を傾けてください。かならず良いことが起こります。

（1999・2）

こだわることが原因

このごろ、ものわかりのいい、とても良い人が困っている相談が多いのです。なぜなのか考えてみますと、その方々は案外、頑固な考え方をしていることに気づきます。良いこと、悪いことの区別がはっきりしていて、そして、自分はいつも良いことをしているという自負心をもっている。ですから、なにか困ったことが起こると、相手の行ないが悪いと思ってしまうのです。

人は誰でも、「これだけは触れられたくない」そんなこだわりをもっています。ただ、そのこだわりが自分を守り、楽にするものであるなら気持ちよく生きられますが、善し悪しにこだわっているために、人ばかりではなく自分をも縛り、自由でなくしている場合がよくあります。

いま自分の守っているもので、自分自身の自由な心を失い、相手を許せなくなっていく心があるとすれば、自分の守っているものを見つめ直して、楽な自分の心を取りもどすことが大切です。

日蓮聖人のお手紙『観心本尊抄《かんじんほんぞんしょう》』に、「あなたはそのままでお釈迦さまのようにすばらしい」という言葉があります。善し悪しにこだわる心を考え直してみましょう。本当の心はすばらしいのです。

（1999・3）

人に大切なことを伝える

人間関係がギクシャクすると、会話が緊張する。本当に言いたいことを言わず、相手に嫌われまいとする態度になっていく……こんな体験はありませんか？　近ごろ話題のPTSD（心的外傷）を「暴力におびえること」と、わたしは解釈していましたが、幼児期に心がひどく傷つけられた人は、無意識にその経験を覚えていて、普通の人の場合にはなんにも感じないことに、とても傷ついたように感じてしまうことを知りました。

もしあなたの心の中に、そんなふうにおびえたりする気持ちがあるならば、自分自身の幼いころを思い起こしてください。

なぜ、そんなふうに心が動いてしまうのでしょうか？　同じ体験をしても1人は心を閉ざし、もう1人はそれに向かっていきます。そのことに、たとえば母親の影というのは、どのくらいの割合で影響しているのでしょうか？

あるときに心を閉ざした者は、その閉ざした心を開きたくなり、いつか本当の気持ちを言おうと待っていながら、いつもその場の雰囲気をこわさないように、本当の語りかけたい心を覆い隠してしまい、それに耐えきれなくなったとき突然、バクハツしてしまうのかもしれません。

ある人が「人の中に入ってゆく勇気がない」と言いました。自分の中にある本当に大切な魂さえ元気であれば、「まわりの人の目を気にしなくて大丈夫」という気持ちをもってほしいのです。そして、身体の力を抜くことです。お経を唱えて。

（2001・6）

自分の欠点を指摘された時

人は何才のころからなのか、自分を守ろうとする心が働くころからなのか、自分の欠点を指摘されることをイヤがります。また、自分の家族のことを言われると、イヤな気持ちになることがあります。

どんなに仲の良い友達にも言われたくないと思っていることが、じつはみんなから思われている自分の欠点なのかもしれません。

自分にとって気持ちのいい人ばかりが、良い友達とは言えません。では、夫婦というのはどうでしょうか？　夫や妻が一番、自分の欠点を知っているはずなのです。それを言ってもこわれない関係が夫婦なのではないかと、わたしは思っています。

人生を楽しいものに変えていくのは自分自身ですが、自分ほど自分に甘い人はいないのです。辛口の人の言葉を「そうか、そう見えるんだ」、「そう思うんだ」と受け入れることが大切です。この言葉をしっかり心に留めていくことも、転機のキッカケとなるでしょう。

自分に力がついてくるようにお経を唱え、自分を受け入れられる器を広げましょう。いままで見えなかったなにかが、きっと見えてきます。

（2001・7）

時間を守る

わたしは、じつは1か月くらい前までは待つことが嫌いでした。待つのが好きという人も珍しいかもしれませんが……。わたしの場合、電車なら5分前、飛行機なら15分前までに着けばOKと思っていました。誰かと待ち合わせをしても、「早すぎると悪いかな」とも思ったりして、なるべく時間ぴったりに着くようにしていました。

ところが昨年末、清澄寺で娘のアルバイトが決まり、面接時刻は13時までに着くようにと書かれていました。送って行くのに12時45分ごろ

着けばいいかと思っていましたら、住職が「お寺だから30分前には着いていなさい」と一言。行ってみると、12時30分には誰も来ていませんでした。

お会いしたお上人《しょうにん》に「早すぎましたね」と言いますと、「お寺の世界では30分前は常識なんですよ」と言われてしまいました。

お茶の世界でも、15分前にはかならず到着するように決まっています。ちゃんと定刻に始められるということを亭主に伝えること、待っている人に安心してもらうことも大切なわけです。

相手にたいする配慮というのはむずかしいものですが、相手の立場や気持ちを考えることから始めていけることだと思います。

お経を唱えて、みなさんの幸せを祈りましょう。

（2005・1）

人それぞれの価値観がある

お寺で毎月勉強会を開いているカウンセリング講座では、人との接し方を学びます。それはまず自分を知ること、ひとつの出来事にたいして自然に反応してしまう無意識の行動に、目を向けてみることです。

そこには、自分が考えたことだと思っていながら、じつは親や先祖から受け継いだ心の癖があります。

当然のように、そのことをあたりまえと思い込むのも、人はその癖にとらわれているからです。

人間関係は、いろんな人と出会うと、それぞれ違った形で答えが出ます。自分が思ったとおりに他人が行動してくれると安心でなにも感じず、それが普通と思います。ところが、想像どおりに他人が動かないで、自分の価値観を壊すような行動をとると不快になります。

「どうしてそんなことするの？」と思ってしまいます。でも、相手側は「どうしてそんなふうに思うの？」と思っているかもしれません。

その人がどんなふうに思って行動しているか？　自分と違う行動をとる人もいます。「そんなこともできるのか！　おどろき！」と思ってみると、広がりが見えてきます。

じつは、いつも快適と思っている裏には、まわりが自分に気を遣っている背景があるのかもしれません。

誰もが自由な自分でいるためにも、自分自身のゆったりとした気持ちに気づいてみましょう。お経を唱えて心をみつめましょう。

（２００７・４）

女性・母親・家庭

母親のおちいりやすい間違い

最近は核家族化が進み、家族の人数がお父さん、お母さんと子ども1人から2人の3〜4人家族が増えています。そして、母親の子どもにたいするエネルギーは、良い学校に入れるように、学校の勉強ができるように、また知的な習いごとができるようにと、家事を省略しても、車をとばして塾やおけいこごとに通わせることに向けられます。

これは子どもの将来を心配しての細かい配慮の愛情表現ですが、それと引き換えに家庭の中のお手伝いや、お茶を入れるという普通のことを、たとえ本人がやりたがっても「お母さんがやるから勉強しなさい」と制止し、母親が自ら引き受けてしまいがちです。

どんなことでも大人がやるほうが上手にできますが、子どもにとって、ゆっくりでも、間違っても、一歩ずつ歩むことはけっして遠回りにはなりません。

親の都合で重箱の角《すみ》をつつくように子どもの欠点を探すことより、たったひとつでもその得意技をうんとほめて伸ばすことが大切です。

子どもの手を取っていっしょにお料理したり、りんごの皮をむいたりすることこそ、子どもは求めているのです。

学歴偏重の社会は、子どもたちが早くできること、上手にできることを良しとする母親を生んでしまいましたが、家庭の主人公はお母さんです。

お母さんがやさしく待っている家は、本当にあたたかい。そして、家を守ってくれている神様やご先祖さまが生きている家は、もっと元気が出ます。（1996・4）

相手の立場になれたら幸せの第一歩

悩んでいるときは、つらいことが多くて、早く良くなりたい、早く楽になりたいと思います。そして、自分を苦しめているものが自分の中にあるなどとは、とても思えないものです。

ですから、つらい原因は外にある、他人のせいだと思ってしまいます。「わたしはこんなにがんばっているのに、どうして良くならないのだろう？」「こんなにつらい毎日を、いったいいつまでつづけたらいいんだろう？」――「わたしは悪いことをしていない」という気持ちが、「わたしが悪くないのなら誰かが悪い」という方向へ向かわせてしまいます。

ところが、「悪いことをしている誰かがいる。わたしを苦しめている相手は悪い」と責めるわたしから逃れるために、相手は悪い方向に追いこまれているかもしれないのです。

子どもが部屋を散らかす。「片づけなさい」と言う。すぐに言うことを聞かない。だからわたしが片づけた。めんどうなことは全部、わたしの仕事なのだ。そして、「片づけもしない」と叱る。子どもは、「片づけても片づけなくても叱られるのなら、だまっていよう」と思うかもしれません。

子どもはお母さんに叱られたくないと、いつも思っているのです。でも一方的なリズムで言われると、子どもは動けなくなってしまいます。そのことに気づかないため、その子は悪い子になってしまう。

ほんの少し待って、急がずに、いっしょにその気持ちになってあげることができれば、それが幸せに近づく第一歩になるのです。

「早くしなければ」と思ったときに、お経を唱えて、ワンクッションおいてみましょう。きっと安らかな気持ちで話せます。

（1997・6）

女はどうすれば幸せになれる？

「男女平等」という言葉が普通の世の中です。わたしたちが相談に見える女性の方たちに実行しましょうと申し上げていることは、「男の人に従ってください」ということなので、なかなか受け入れにくいかもしれません。

日蓮聖人《にちれんしょうにん》の『兄弟鈔《きょうだいしょう》』に「女人《にょにん》と申すは、ものに随《したが》ってものを随える身なり」というお言葉があります。わたしも結婚当初から住職にこの言葉を教えられ、居間に張ったポスターで毎日目にしていました。

この言葉は「女性は従っているスタイルをとって思うとおりにできる人なのですよ」という意味ですが、日蓮聖人の鎌倉時代でもなかなか実践できないことだったからご遺文にあるのでしょうか。

それにしても現代のわたしたちにしてみれば、「なぜ女性ばかりが、がまんしなければならないの?」と疑問に思うことだと思います。

わたしがお寺の生活に入ってから12年ほどになりますが、女性の仕事は目に見えない大変なことが多くて、本当に認められないことばかりだと思います。

家事、子育て、すべてのことがちゃんとできてあたりまえ、そのうえ、夫のわがままさえも上手に聞き入れるエネルギーはどこにあるのでしょう。主婦だって認められたいと思うはずです。

ところが、家庭というのはお母さんの存在で形を保っているので、お母さんが「わたしだって人に認められたい」という気持ちで家の中のことを動かし出すと、徐々に家庭のつながりが薄くなっていくのです。つまり、主婦の仕事は、居てあたりまえ、やってあたりまえ、それでいて、居なかったらグチャグチャになる、家庭の心の栄養剤のようなものだと思います。

みんなの話をニコニコ聞いて、家のこともして、「それじゃあ、わたしのことは誰が聞いてくれるの？」と思うことがよくあります。そんなときは、忙しくてもご宝前でお線香を焚《た》いて自分自身の声を聞こうとします。

「よくやってるよ、それでいいよ」という声が聞こえてくるはずです。主婦だって、自分をほめてあげていいのです。それでまた、みんなの声を聞いてあげることができます。

わたしなりの日蓮聖人のご遺文の実践法ですが、このお言葉のとおり、言いたいことがお母さんに言える環境をつくることで、遠回りに見えますが、お母さんの思うとおりの家庭ができあがっていくようです。

自分のためにやすらぐ時間を、無になりご神仏の声を聞く時間をもちましょう。

（1997・8）

夫が盗人ならば妻もまた盗人

『兄弟鈔』はこのあと、「夫盗人《おっとぬすびと》ならば、女人もまた盗人なり」となっています。「どうして？」と思うでしょうが、妻が夫を従わせているのなら、同罪というわけです。

「わたしは夫に盗みなどさせていない、頼んでいない」と言っても、「お金がない、お金がない」と毎日顔を合わせるたびに言っていたりすれば、夫は思わず盗んでしまうものなのです。

それは、盗んでもお金をなんとかしないと、家の中に居場所がない夫の苦心の行動だといえます。夫を信じていっしょになったにもかかわらず、時がたつにつれておたがいに悪いところが目につき、良いところを認めあわず、悪いところだけ責めてしまう。これを聖人は、「せっかくのありがたいお経を持ちながら地獄へ堕ちてしまうのと同じことです」とつづけています。

女のなせる技と言われながらも、自分の悪いことは受け入れにくいものです。ついつい

「あなたが悪い」「おまえがこんなだから」と罪を押しつけあってしまいがちです。

そうなったら、自分と相手があって起こるできごとに目を向けてみましょう。夫婦関係だけでなく、もしも自分に気分の悪いできごとが起こったら、自分がそうしむけていないかどうか振り返ることが大切です。お経を唱えて、自分の本当の心に出会ってください。

（1997・9）

因縁を変えるには自分を変える

お寺で生活していると、よく「業《ごう》が深い」という言葉をお上人（住職）が口にします。たいてい女性についてですが。「欲が深い」ならわかるけれど、「業が深い」とはどんなことなのでしょうか？　また時代によっては、女性は犬や猫といった動物と同類に扱われたり、仏教の言葉の中ではなかなか成仏できない者として扱われたりしました。それもこの業のためなのでしょうか？

「業」という言葉に似ている言葉に「因縁《いんねん》」があります。先祖の因縁、前世の因縁、これはわたしたちが生まれる前に起こしたもので、わたしたちにはどうしようもないもののように感じられます。

ところがこの因縁は、いまの自分を変えることで断ち切ることができるのです。そのとき「業」が出てきて、「わたしはこれで何十年も生きてきたのだから変われない」と、悪い環境の中から脱出する動きをさまたげるかのように、それまでの自分を守ろうとする心の動きが生じてきます。

それは、大切だと思ってきたものをやめたり、手放したりするときの不安に勝てないからなのです。その不安をもち、先祖から受け継いだ家庭環境、価値観を見直すことができないで、先祖の癖である業や因縁を背負って歩いているのがわたしたちなのです。

深い業を浄めてゆくには、こだわらない心をつくることが大切です。お経を唱え、自分自身の心の声に耳を貸しましょう。

（1997・10）

大切で見えにくい家族の絆

カウンセリングの窓から、多くの主婦の方の悩みを聞きつづけていると、いまの社会が主婦を、女性を迷路へと追いやっているように思えてきます。

子どもたちも夫も、母であり妻である女性にいつも聞いてほしくて、いつも見守ってほしいわがままな人種なのです。

ところが、主婦が外に目を向け、外とのつながりをたいせつにしようとすると、家族にこの家の中だけで言えるわがままを、がまんしてもらわなければなりません。

お母さんは「○○さんと約束があるからがまんしてね」「お仕事だからね」とやさしい口調で納得させていることが多いとき、子どもたちは、自分たちがお母さんに聞いてほしいことや居てほしいことを、「大切ではないから」と飲み込んでしまうことになります。

良い子や良い夫を演じようとすると、わがままなことはいけないこと、自由なことはいけないことになってしまい、やがて家の中がつまらなくなり、ギクシャクしはじめます。

しかし女性というのは、まわりが気を使ってくれることが心地よく、みんなが遠慮していることに気づかないものです。

家族の誰かが「もっと私たちの話を聞いて！」と注意してくれればいいのですが、人というのは気を使っていると本音が言えないものなのです。

もしも家庭の中でそんなふうに本音が言えない空気があるとすれば、夫も子どもも社会に出て言いたいことを言えず、気を使いオドオドした態度をとるものなのです。

それが高じて家庭問題へと発展し悩んでいる多くの方々は、口癖のように「なぜ、わたしだけが悪いんですか？」「なぜ、わたしだけが改めなければいけないんですか？」と尋ねられます。

良いとか悪いとかではないのです。ただ家の中に、まちがっていても、くだらなくても聞いてくれる雰囲気があれば、少しずつ居心地の良い場所になり、大きな変化のキッカケとなるということなのです。

女性の役割には、たいへんな苦労があります。しかし、その大切さに気づいたとき、大きな稔《みの》りを得ることができるでしょう。

合掌し瞑想する祈りの心で、わたしたち女性の大いなる生命に気づき、ゆったりとした気持ちを味わいましょう。


（1997・12）

結婚はやりがいのある仕事

S・スミス『女は結婚すべきではない——選択の時代の新シングル感覚』(中央公論新社)という本を読みました。

女性も男性も結婚という儀式によって、自分の思い描いている母親像、父親像に向かって歩いてしまう。というより、おそらく自分の父母のイメージを手本に、それをふくらませながら、自分の居場所を模索しているのでしょう。

結婚の先には、夫婦生活、出産、そして家族ができると、女性にとっては大変な仕事が待っているわけです。

しかし、わたしは結婚とは2つの家の良いところと悪いところをうまくミックスしながら、自分たちのオリジナルな家庭を築くことで、自分の欠点を自由に解き放つことにもなるのだと思います。

わたしは家族をもつことにより、夫の家庭のいろいろなことと出会いました。わたしの家庭ではけっしてないことが、あたりまえのようにできたり、家というのはつまらないこだわりをもつもので、箸《はし》の上げ下ろし、一挙手一投足にうるさいこともあります。家庭を築くうちにこだわりがとれ、自由になっていく、「こうしてあたりまえ」とか「こうすべき」がなくなり、楽になることが大切なのだと思います。

このアメリカの作家の描く結婚生活と、日本のそれとでは大きな違いがあります。日本では昔から家庭のやりくりは女性がやっていて、それだけやりがいのあるものでした。ところが、アメリカの考え方が日本に入ってきて、日本の女性も、男性に頼らず自立できると思い込んでしまう傾向があります。

でも、日本の女性はそんなことをしなくても、なにもかもまとめられる母の素養をもっているのです。ただ耐える女とか、がまんすることが良い母、妻ではなく、自分たちらしい家庭をつくる、居心地の良い家庭を探りながらオリジナルをつくることが、女性の仕事の楽しさなのかもしれません。

「イヤなことがあっても、かならず良い道は開ける」と信じて、お経を唱えましょう。自由な自分の心から、新しい発想が生まれてくるはずです。

（2000・8）

母が食事を作るという風景

もう10年以上も前になりますが、「悪魔のキッス」というテレビドラマがありました。上京した3人の若い女性が、それぞれ宗教地獄・カード地獄・性的地獄に堕ちていく話でした。

思い出しても恐ろしい話でしたが、いまよく考えてみますと、これと同じことが現在蔓延していることに気づきます。

男の子は引きこもり、ニートと称し、振り込めサギでお年寄りをおそう。これは、若者に仕事がないからなのでしょうか？　育った環境が原因なのでしょうか？

いまの20代以下の若者、子どもたちは、家族と共に食事をしない人が増えています。家庭の中に、母が食事を作るという風景がなくなっているのです。子どもによい教育を与えようとお金のために働き出すことで、かえって子どもの健康な発育を阻害しているのだと思います。

平井信義先生が「心の基地はおかあさん」と言われるように、いつでも家庭で自分を待っていてくれる母の存在は、かけがえのないものだと思います。

子どもはいつでも、どんなときでも、お母さんが大好きです。イヤな顔をされても、受けとめてほしい、できればニッコリ笑って待っていてほしいものです。

たとえ働いていても、「お母さんは、いつも待っているんだよ」と言ってあげられる母親の生き方が大切なのだと思います。

お経を唱えながら心をみつめましょう。

（2007・5）

親の気持ちは子どもに伝わる

今年からはじまる赤ちゃん訪問に向けて、鴨川市の子ども支援センターを見学しました。

久しぶりに接する赤ちゃんや、2〜3才の子どもたちとお母さんたちを見て、あらためて感じたことは、母と子は出産して身体が2つになっても、つながっているということです。

お母さんが不安になると子どもも不安になるし、お母さんに余裕があり楽しくしていると子どももゆったりしている——こんなあたりまえのことが、けっこう大きくなるまでつづいていたことを思い出しました。

ある子育ての本には、「赤ちゃんを抱えているお母さんをけっしてひとりにしてはいけない」、「お母さんは、赤ちゃんには個性があることをよく理解し、大きいとか、小さいとか、そういうことで不安にならない」、「母親の安定こそ子どもの安心」と書いてあります。

家庭を支えているのは父親ですが、家庭を産み出したのは母親です。昔から「家庭は母親持ち」と言うのは、この意味です。困ったときに、誰より家族のことを感じ取る特技を女性はもっています。

「女人と申すは、ものに随ってものを随える身なり」という日蓮聖人のお言葉の意味を、子どもが成人し、社会人になろうとするいまごろになって、つくづくかみしめています。

男の人は妻を支え、女の人は夫に従いながら、すてきな家庭をつくることが、本当に大切だと思います。

（2009・2）

子育て・教育

子は親の姿に似る

子育てをしていると、いつのまにか昔の母のようにしている自分に気づきます。久しぶりに会ったいとこに「おばさん（母）かと思った」と言われたとき、嬉しいような、悲しいような、ショックを受けました。ものごとにたいするこだわりや、価値観の見本が親であるなら、親に姿も似てくるものだなぁと思います。

わたしはなまけ者なので、昔わたしを育ててくれたときの母のように動くことも、心遣いをすることも、どこか抜けているように思います。

うちの住職は神経質な人ですが、いまは細かいことを言わなくなり、姿もほーっと丸くなってきました。

知人のおばあさんが「人生というものは、四角い人が角がとれて丸くなり、丸い人は少しずつ細かい神経が備わって四角くなるものだよ」と言っていたことを思い出しました。

つい最近まで、苦手な掃除を克服しようと怒りながら戦っていました。散らかることをやめさせることはできないにもかかわらず、イライラして怒鳴りながら、掃除をしている自分が醜く悲しかったのですが、あるとき「お料理が楽しいのは、やりたいように作っているからなんだ」と気づき、掃除も楽しんで、時間に追われずにやるようにしようと思ったら、楽になりました。

わたしは「母のようにがんばれるだろうか」といつも不安でしたが、きっと少しずつ四角くなれるのかもしれないと、いまは思っています。

あなたは、目の前の困難にふりまわされていませんか？　あと2〜3歩先を想い、いまの自分をイメージすると、なにかに気づきます。ご神仏さまに合掌し、エネルギーをいただきましょう。そのとき、いまの自分の姿が見えてくるのだと思います。

（2000・3）

お寺の跡取りについて

このごろ、お檀家さんに「息子さんは跡を取るんですよね」と聞かれることがあります。わたしは「自宅がお寺では出家の形、つまり自分の生活を変えて仏門に入る形がとれないので、あまり考えていません」と答えますが、あまり納得していただけないような気がします。

「仏飯《ぶっぱん》を食べているのだから、かならずそのとおりになりますよ」とおっしゃる方もいます（そういえばわたしは幼いころ、仏さまのお下がりのご飯をいつもいただいていました）。

それでは、「わたしはどうして寺庭婦人（お寺の奥さん）から尼僧になったのでしょう」と考えてみると、「お寺に嫁いだなら在家ではなく、その道のプロになりたい、自分も修行がしてみたい」と思ったからだと記憶しています。

それなら、お寺で育った子どもたちは、その道のプロになりたいと思うでしょうか？

お寺の中が普通の家庭のように、お父さん、お母さんがそれぞれの役割を果たし、子どもが子どもらしくできていれば、その子、その子の持ち味が生きる、未来が見えてくるはずです。

そのときはじめて、在家で生きるか、出家となり自分だけではない多くの人の供養をする仕事をするか、決められるのだと思います。

ドイツから伝えられたシュタイナー教育は、幼いうちには多くのことを学ばせずに、触ったり、感じたりすることを中心に7年ずつ区切って、21才で完成するというものです。幼いうちは計算も、書きとりも、あまり教えず、自分の感性を引き出すことを中心に、食べ物のコントロール、色の配色や、音による身体の反応を感じるなど、変わった方法の勉強をさせながら、人間の隠された感性を引き出していくのです。そうして、21才までの間にやりたい職業を見つけて卒業します。

幼いうちはたくさん詰めこまずに、その歩みを見守りながら、共に生きていけたら、本当にいいなと思います。

親は子どもに夢を託して「幸せになってほしい」と願う気持ちが強いものです。それが子どもの重荷にならないよう、自分自身もしっかり歩みたいものです。

（2002・6）

生きる目的が見える子育て

15年前初めて子どもを産んだとき、できるかぎり良い子育てをしようと、手探りで方法を摸索しました。

その中でわたしが選んだのは、体験を大切にして、ものを覚えさせないという方法でした。そのうえ叱らない子育てを加えていたので、子どもはかなりやりたい放題で育ったと思います。

子どもは、限りない才能をもって生まれてきます。そして、この子どもたちは自身の生きる目的を見つけるために、親を模倣します。それならば、

●まず親自身が子育てを楽しむこと。
●無条件に子どもが大好きと言いつづけること。
●「○○ちゃんはピアノができる」「みんな塾に通っている」などのまわりの子どもと比較することから守ってあげること。つまり、まわりに影響されない自分を作れるよう

にすること。

教育が産業になっているこの社会で、できあがった教育カリキュラムをこなさない人生作りをするのはむずかしいかもしれません。

でも「なんのために生まれてきたのか?」と、きっと誰もが疑問に思うことだと思います。楽しいことをして生活できれば、こんなに嬉しいことはないでしょう。そのためにも、自分がなにが楽しいのかわかる生活を、子どもたちに与えたいと思います。

まわりの人の価値観にまどわされずに自分を見つめる時間をもちましょう。お仏壇は、そんなひとときをもつご先祖の知恵だったのでしょうか。仏壇でお経を唱えてみましょう。

(2003・3)

将来の子どもたちのことを考える

7月から「学校規模適正委員会」という会議に参加するようになりました。

少子化により生徒が減少し、1つの学校では仲間づくり、人間関係が成り立たないいため、合併していく方針です。これからは幼稚園、保育園をいっしょに、小学校、中学校を同じ校舎にしていくようになるでしょう。

合併の裏には、若者たちのニートの問題を「キャリア教育」と呼んで対策を立てていくことや、学力の低下をなんとかくい止めようとする教育者たちの目の高さが感じられました。

ところで、わたしが心配しているのは、いまの子どもたちが「なりたいもの」を目指せないでいることです。「なりたいもの」を考える前に、算数や国語の成績を上げることが大事で、そのために塾へと通っていたりするわけです。

子どもたちは出された問題をこなすことに精一杯で、なにになりたいかなんて考えられないのではないだろうか、と思ってしまいます。

そして、もしも「なりたいもの」があっても、高校入試や大学入試で「なりたいもの」の姿が見えない一般教養に打ちまかされてしまう子どもたちも多いように思います。

本当に子どもが好きで、子どものよき指導者になれる人が教員になれるわけではないのが、いまの社会なのです。

なんとか「なりたいもの」が見えるような教育がないものかと気にかかります。これからの子どもたちに残してあげたいものはたくさんありますが、なかでも「大切なものを大切に扱うこと」「お年寄り（知恵のある人のこと）の言うことをまじめに聞いて行なうこと」です。

（２００６・８）

大人の価値観が子どもをつくる

新しく鴨川市の議員になった方と、子どもの塾について話したことがあります。「昔は学習塾というところは、勉強が追いつかない子どもが通い、普通の子どもはピアノや武道や習字など、学校の勉強の成績とは関係のないものを学んでいましたよね」と言われて、いつから子どもたちが算数や国語だけの成績を伸ばすような家庭学習をするようになったのかと、疑問に思いました。

遊びにしても、鬼ごっこや缶けりなどのように、子どもどうしで決まりをつくる遊びではなく、テレビゲームやカードゲームなどの道具がないと遊べない、そんな放課後になってしまいました。

日本の子どもたちの成績が世界的に見て低くなってしまったからといって、算数や国語の授業時間を増やしても、出された問題を解くだけのロボットみたいな人間が育ってしまうような気がします。

子どもの手本は大人なのだから、大人のわたしたちが楽しい遊びを伝えていかなければ、ゲーム会社の思うつぼです。

将棋でも、花札でも、トランプでも、縄とびでも、なんでもいい。子どもと遊ぶことが大切です。親の大人が忙しいからといって、テレビゲームに子守りをさせて働いていては、大事な子どもの感性が埋もれてしまうことでしょう。

誰かにまかせていないで自分の子どもと真剣に遊ぶことが、いま最も必要なのだと思います。

（２００６・10）

待つことができなくなった大人たち

毎日といっていいほど、殺人事件のニュースがつづいています。まるで「親の言うこと、年寄りの言うことは聞くものだ」とか、「弱いものはいたわりなさい」という昔の言葉はなくなってしまったかのようです。

物を大事にしなくなりました。それは、いつでもすぐに替わりの物があるからです。お正月でも、お盆でも、どこかの店は開き、真夜中でもコンビニが開いていて、困ることがありません。

昔のように、料理にも、洗濯にも、掃除にも、時間をかける必要がないのが、いまの日本です。物が豊かになって便利になると、なにもかもに手をかけるのが億劫《おっくう》になり、大切なものがなにかを見失ってしまうのです。

子育てもそうです。「手塩にかけて育てる」という言葉がありますが、いまは子どもにかける愛情や手間も惜しんで「手金をかけて育てる」つまり、習い事や塾にお金をかけて通わせ、愛情で育てる部分を他人まかせにしているのです。

社会が忙しくなったことで、大人たちは時間に追われ、がまんすることができません。だから、それを見ている子どもたちまでそうなっていくのです。

忙しく働いて、いくら物が豊かになっても、心の豊かさが育たないかぎり幸せではありません。まず、ひとつの物を大切に扱うことで、心の豊かさを育ててみたいものです。


（２００８・２）

家族・親子・夫婦

家庭が一番大事

現代は過度な情報化社会で、さまざまな情報が主婦をはじめ子どもたちの心を脅《おびや》かし、蝕《むしば》んでいます。

神戸で異常な犯罪を犯した中学3年生も、いろんな情報によって心が病んでしまったのでしょう。

しかし、そんな社会の中で子どもたちがゆっくりできるのは、学校でも友達でもありません。お父さんとお母さんが仲良く暮らしている家庭なのです。

子どもの心には、家庭の中が温かいか、夫婦が仲良くしているか、この最小限の単位の家族が一番大切なのです。外でどんなにつらいことがあっても、「そうだったの」といつも向きあって話を聞いてくれる家族がいることが、子どもにとって一番安心できるエネルギーの源なのです。

「トンビがタカを生んだ」という言葉がありますが、トンビの子はトンビ、タカの子はタカなのです。子どもの本当の力を出すためには、自然に湧《わ》き出るエネルギーをためることです。

子どもが成長するにしたがって、いろいろな心配ごとはあります。しかし、いつも親が前を歩いてくれている、すぐ横を歩いてくれている安心感が大切なのです。親がゴロゴロテレビばかり見ていて、子どもに「勉強しなさい」と言っても、説得力はありません。多くを語らず、そっと見守ることです。

人は、幼いころ育てられたように自分の子どもを育てようとします。自分がつらかったことを子どもにはするまいと心に決めていても、つい状況に流されてしまいがちなものです。

いつも前向きに学ぶ気持ちをもちつづけ、「家族が本当に幸せでありますように」と大きな祈りをしましょう。お経を声を出してゆったりと唱え、座って瞑想をしましょう。そして、すばらしい家族のイメージを描きましょう。身体の中からすばらしいものが生まれてくるはずです。

（1997・7）

良い人のモデルは親

人は誰でも良い人であろうとします。ところで、この「良い人」のモデルは誰から学ぶのでしょうか？

それは、生まれて初めて接する両親からなのです。両親が子どもを育てるときに、どんなことを大切にして育てるか、それは子どもが引き受ける価値観の基準です。たとえば、子どもから見て「イヤだ」と思う親の態度があるとします。すると、子どものわたしは「そんなイヤな人にはなりたくない」と思い、「良い人になりたい」「多くの人に愛されたい」「誰からも好かれたい」と、たくさん思います。

でも自分の中の良い人のモデルは、父親や母親がいつも言っていた「人に親切で、わがままを言わない、自己主張をしない、目立たない人」だったりします。

そうすると「わがままな人を悪く思う」、「自由な心をもつ人を変な人、イヤな人だと思う」など、ねじれた気持ちが起こり、自分は自由な心をもってはいけないと言いきかせ、気づかないうちに親に似てきてしまうことがよくあります。

そして、そのうち自分の本当の自由な心はいけないように思えて、いつも父親や母親に気に入られるような良い子のモデルを求め、他人の目に気を向け、他人の喜ぶことこそ自分の喜びのように思ってしまいます。

自分の素直な心はどれか、深い無意識の中から湧き上がってくる声を聞き、わがままでも許される健全な自分を見つけましょう。なかなかむずかしいことですが、まずはお経を唱えて自分の本当の心を呼び戻しましょう。

お経を唱えると、素直な心が目を覚まします。すると「籠《かご》の中の鳥が鳴けば、空を飛んでいる鳥が集まり、籠の中の鳥も籠から出ようとするように」自分らしい素直な心が現われてくるものです。

（1997・11）

近くにいるほど正直になれない

イヤなことやつらいことがあると、誰かに聞いてほしいと思います。一番わかってほしいのは夫や妻、あるいは親だったりします。

ところが身近にいればいるほど、正直な自分の気持ちを表現できずに、甘えたり、つらいと言ったりできないときがあります。

大切だと思えば思うほど、言葉を選び、タイミングをねらっているうちに話せなくなる。「こう言うと、こんなふうに言われるだろう」と、怖くなってがまんしてしまう。「こんなにわたしに期待してくれているのに、こんなこと言えない」と、結局、黙ってしまう。

大切な人だからこそ良い関係を守っていきたい気持ちが強く、「それなのに騙《だま》してしまう自分」という矛盾が起きるとき、大切な人も言葉を出せずにすれ違っていることが多いのです。

「本当の自分の気持ちはどれだろう」と、読経と瞑想の力をかりて、自分の心に向かい合ってみましょう。

（1998・3）

大人の心をもつ子どもたち①

相談ごとを聞いているうちに、多くのことに気づかされます。最近は、20代の方々の中で「長く会社に勤められない」「対人恐怖症」とでもいうような症状をもっている方が多いのです。そして、そのうちのほとんどが登校拒否をしたことがあるのです。

幼いころからおとなしく、親にとっては手のかからない子どもを演じ、子どもらしいわがままを言わずに、大人の心を理解し喜ばれるようにしてきて、中学生ごろになってそれに疲れ、登校拒否というスタイルをとってしまう人たち――。

また、その時期をうまく過ごせても、その後に登社拒否していたり、定職につけず転々とアルバイトを変えていったりしてしまう。心の中ではいつも「ほめてほしい！」「誰からも好かれたい！」といった気持ちが強く、人の心を読もうと努力するために、自分の本心が見えないというジレンマに襲われるパターンです。

なにをするにも自信がなく、好きなことをしようにも、それがなんだかわからない、つらい気持ちです。そんなジレンマの中で、本当の自分探しをしましょう。しかし、本当に自分探しをしようとすると、いつものイヤな自分に引っかかってしまいます。

お経を唱え瞑想をして、新しい側面からの自分を発見しましょう。ぜひ、朝夕5分間の大切な時間をもってください。

（1998・5）

大人の心をもつ子どもたち②

わたしたちの心の中には、大人になっても、いつも育ててくれた親の価値観が生きていて、それがわたしたちの人生選択の際や、日常生活の中で大きな意味をもっています。なにかあると、親に叱られそうなイヤな気分になったり、ときには「がんばりなさい」という応援の声が聞こえたりします。

つまり、大人の心をもって子ども時代を過ごしてしまう人たちは、自分のしたいことを言うと「いけません」とか「こうしなさい」と止められ、「こういう人がいい人です」とか「こういう人が好きですよ」という親の価値観に合わせて生活して、自分の居場所を確保してきたのです。

もしも反発すると、家の中で居場所がなくなるほど、親の機嫌が悪くなるようなとき、親がいつも喜んでくれるようにと、その心を読んで行動してしまう。子どもなのに妙にものわかりの良い、大人のような心をもってしまう、良い子で生きることが目的になってしまった人たちなのです。

たとえ自分に害を加える人がいても、その人の中にも良いところがあるはずだと、怒りを表すことができずニコニコしてがまんし、「がまんこそすばらしい」「わがままはしないこと」と思い込んで、苦しいことを無視したりします。

「イヤなものをイヤとはっきり主張できることと、わがままなこととは別なことだ」ということに気づかず、まわりの人の顔色をうかがい疲れてしまう。良い子を演じているのに他人とうまくいかないなど、このような悩みを抱える人たちは、本当の心を隠して生きているために疲れてきます。

みなさんは、自分の心に素直に生きているでしょうか？　お経を唱えながら、ご自身の心にたずねてみてください。

（1998・6）

家の外側へ向く心の招くもの

地域社会の人びとと深く関わる生活を余儀なくされてきた日本の家庭環境では、まわりの人に合わせること、はっきりものを言わないことが美徳となっています。最近気がついたのですが、このまわりの人に合わせること、はっきりものを言わないことによって、ある種の弊害が起きてきます。

つまり、まわりの人にどう見られるかを気にしすぎると、家の中で子どもたちが、親の顔色を見て生活することが多くなります。一見すると、人当たりがよく、なんの問題もありません。しかし、両親が気にしている他人からの評価は、自分たち家族の楽しさではありません。子どもたちは、両親が気にしている他人の評価を敏感に感じとり、たとえそれがイヤなことであっても、両親にたいして良い子を演じていきます。

そして、それが耐えきれなくなったとき、突然、腹痛を訴えたり、登校拒否をしたりする方法で、親の目を引こうとします。

このときが大切です。家庭の中で自分を大切に思っている人がいることを伝えられるのは親だけなのです。その信号に気づいて、全面的に子どもの気持ちに応えてあげましょう。親がまわりの目を気にして「仕事を休めない」などの言い訳をせず、子どもを一番にしてあげることです。

掌《て》を合わせてお経を唱え、自分の幸せ、家族の幸せを考える時間をつくりましょう。

（１９９８・７）

先回りしない道しるべ

親とは、どんなに大人になっても、子どものことがいつも心配なのです。とくに母親は男の子に、父親は女の子にたいして思い入れが深いようです。

「かわいい子だから苦労をさせたくない」そう思って、子どもが考えるより先に、とても近道ですばらしいアイデアを示して、従わせようとしてしまうことがあります。

それは、幼い子の小さなおもちゃでも、大人の買う一軒家でも同じです。本人が考えられる時間をつくり、待つことがとても大切であり、人生の先輩として、どんなことでも受け入れてあげる姿こそが、道しるべになるのです。

先回りをして危険を知らせることを、愛情と思っている人が多くいます。ときには見守る愛情も、子どもの自立のためには大きな力となることがあります。仕事のよくできる人ほど、近道をさせたがります。

むだだと思うような経験も、ときには必要なこともあります。夜空の星をながめるように、自分の人生をふりかえる時間をつくり、急がない心を育ててみましょう。

ご神仏さまは、かならずみなさんの側にいらっしゃいます。お経を唱え、力をいただきましょう。

（1998・8）

あたりまえのことに感謝する

「平凡であることが大切。普通になることがむずかしい。信仰をもつがゆえに普通になりなさい」と、うちのお上人《しょうにん》（住職）は言います。

家族がいっしょにいることはあたりまえのようになって、人は一番大切な人のありがたさを忘れてしまいがちです。

外の人に目が向いてしまう大人。大人の顔色をうかがい自己主張できない子ども。おたがいが思いやっているのに、どこかすれ違う。

カウンセリングでどんなに分析しても、心の傷に気づいても、自分の価値観を一度白紙にもどして自分を見つめなければ、心の病は治らない。

父がいて、母がいて、自分がいる。このあたりまえのことに感謝できる。

少しの食べ物を大切に食べて生命力をもらう。

飽食の時代といわれて、なんでも買えばいいと考える心——わたしひとりが改めてもむだだと思う心でも、ひとつひとつの生命をいただいている。食べること、眠ること、生きること。どれもあたりまえのようだけど、大変なことなのかもしれません。

広い世界で出会えた人との縁も、不思議なことです。

そう考えると、ものすごいエネルギーに生かされていると感じます。

（1999・7）

お寺だから見えてくるもの

尼僧になってから2年半が過ぎました。お寺の奥さんをやりながら、読経や、カウンセリングのお仕事をして、子育てや主婦の仕事もしています。

お寺に住んでいるから見えてくる、さまざまな教えがあります。嫁いだときから近所の檀家さんが教えてくれる、漬物の作り方、梅干、お寿司、行事のときの煮しめなど、その家、その人のカラーのある手作りものです。

最初は大変で、時間もかかるし面倒でした。買ってくればいいのにと思っていたときもありましたが、いまでは白菜漬も梅干も、わたし流の、わたしの味にできるようになりました。

そしてお寺にいると、食べ物にかぎらず、昔ながらの生活の知恵や、家族、地域のあり方など教えていただき、心に留めました。

『買ってはいけない』という本が流行《はや》っていますが、外食の多いお父さんたちが一番心配したのは、コンビニ弁当と自宅で食べるカップラーメンでした。お母さんたちは、これらの食品の添加物はいけないと知っていても、価格やスピードには替えられないので、目をつぶっているという意見が多かったそうです。

忙しい世の中になって、家族のみんなが別々の時間に食事をする。忙しいから、スピードのあるもので栄養だけつける。

そんな食事のあり方が、問われる時代になっていると思います。わたしたちにとって、忙しいことは害なのかもしれないと、このごろ思います。

「家族という仲間が大切だ」ということを、もう一度、家族みんなの心のあり方を考えてみましょう。

（1999・11）

遠回りでも楽しい人生

ある人は、嘘をつかず、遅刻もせず、まじめに働き、楽しいことをする時間をつくる暇もなく、まわりにあわせて生きる人。

もう1人の人は、大ぼら吹きで、遅刻の常習犯で、自分のことばかり考えて、いつも楽しそうにしている人。

あなたなら、どっちの人の子どもに生まれたいと思いますか？

世の中で良い人といわれるのは前者で、後者の人はだらしのない人と言われるのでしょうか？

「子どもには正しい道を示すべきだ」と言われますが、正しいことだけに意識を向けすぎると、失敗したときや、まちがったことを考えてしまったときに、「なぜ、できないんだ」と、本人の努力より結果に目が向いてしまいがちです。

「自分の子どもは正しく、楽しい人生を歩んでほしい」と、つい先に回って道を示そうとしてしまうことがあります。

同じ道を歩いていても、早く先へと目を向ける、道ばたの花を見つけて立ち止まるなど、人それぞれ感じることが違います。

いま、わたしは「いっしょに遠回りしようね」と言ってあげられる親になりたいし、いっしょにバカと言われるようなドジもして、笑い合いたいと思っています。そのほうが楽しいと思うようになりました。

この世に生まれて、仲良くなれる人は、ほんのひとにぎりの人、といわれています。縁のあった家族との時間を大切にして、毎日が楽しかったと思える人生にしたいものです。

お釈迦さまが教えてくださった仏教は、いま生きている私たちが楽しく生きるための方法です。

お経はそれをいただくためのものです。

1日1日をすばらしい日にしてみましょう。

（2001・4）

因縁や罪障に見えるもの

因縁とか罪障という言葉がありますが、目に見えない力というものが本当に存在しているかどうか、確かめてみたい気持ちになることがあります。

「先祖の供養が足りない」と言われる中には、先祖の現われは子孫の姿だということです。先祖から伝わった癖によって、一族に良くないことが起こるということですが、供養によってどんなふうに見えないものに変化が出るのでしょうか?

わかることとは、供養すること、祈ることによって、現実に起こっている事態から目を離し、現実に起こっているイヤなことから手を離すように、気持ちが抜けていくことです。

あとは、本当に苦しんでいた先祖の魂にお経が届き、供養する人のまごころが伝わり、ご神仏の加護により先祖がひとつステップを登っていくと感じることで、供養した本人が楽になることです。

世の中には、自分で納得のできない理不尽なことがたくさんあります。

それでも、「どれも、かならず自分にとって意味のあることだ」と思うことを忘れず、お経を唱えましょう。

楽になったそのときに、因縁や罪障などのいろいろな出来事の意味がわかるのです。

（２００２・５）

家の中に大事なものがある生活

わたしの幼いころを思い出しますと、小さな部屋でしたが、神棚が高いところにあり、祖父の写真が居間のみんなの目の高さにありました。

よく覚えているのは、朝かならず祖父に上げてあるグラスの水を替え、炊きたてのご飯の一番を「お初《はつ》」と言ってお供えしていたことです。それが済んで初めて自分たちのご飯になります。わたしはいつも、この「お初」のご飯をいただいていました（そのお陰でお寺に嫁ぐことになったのかもしれません）。

以前、正月のテレビ番組で向田邦子原作のドラマがありました。昭和20～30年ごろの東京の下町の正月の話です。家族が暮れに新年を迎える準備で、お母さんが仕切って、障《しょう》子張《じ》りや煤払《すす》い、買い出しなど、特別な行事をこなして新年を迎えます。家族全員で迎えるすがすがしい新春の光景が描かれていました。

そこには、つらいことやイヤなことがあっても、みんな揃って挨拶《あいさつ》をして、新年を祝い、家族の一年の健康を祈る瞬間を大切にしている姿がありました。

昔はどこの家にも「家のスタイル」があり、神仏を大切にしていたものです。戴き物を真っ先にお供えしたり、成績表や給料を見せたりしていた後ろ姿を思い出します。

わたしは正月になると、幼いころのそんな親の姿が思い出され、親と同じようにしていく幸せを感じています。

いつも家の中に守ってくださる方がいると思えることに感謝しています。

生まれてきて、声を出してお経をお唱えできることに感謝しています。

お経を唱えて静かに合掌するときに、心に浮かぶ言葉を大切にいたしましょう。

（２００９・１）

一番近い他人(夫婦)の関係

最近、熟年の離婚が増えているようですが、なぜでしょうか?

夫婦というのは、家族の中で他人どうしの関係ですが、一番わかってほしい関係であり、一番よく知っている間柄だといえます。

熟年離婚は、「男は仕事、女は家庭」という昔からの日本人の考え方で、子育ても、やりくりもすべて妻にまかせて、夫だったり父親だったりの部分をボイコットしている男性にたいして、妻が独立したいと願っている場合が多いからのように思えます。

本当は夫婦こそ、自分のわからない癖やステキなところを知っている唯一の他人です。だからこそ、けんかをすれば一番イヤな言葉を向け、弱点を突いてくるわけです。弱点を突いてくる相手が悪いと思いがちですが、ふつう他人はそんな攻撃はしませんから、いつまでも自分の弱点がわからないのです。

縁があって結ばれる夫婦のあいだには、深い絆があります。父よりも母よりも深い縁なのです。父母が伝えた心の癖を、妻が夫に、夫が妻に伝えるでしょう。

しかし、一番なにもかも話したい相手と話せない、それはどうしてでしょう？

それは、嫌われたくないからかもしれません。でも、傷つきたくないと言いながら、大切な関係をこわして生活している人がたくさんいます。

イヤなことを言ったり、言われたりできる相手こそ大切なのです。かならず、気づかなかった自分を教えてくれるからです。

夫婦の縁、夫婦の絆を大切にして、自分の素直な心に気づきましょう。


（1998・10）

正しいことだけが良いわけではない

人は、正しいことが良い、まちがっていることは悪いと思いがちです。誠実なこと、約束を守ること、誰かのために尽くすこと、愚痴を言わないことが立派だと思いがちです。でも、その裏側にある、自分の気持ちに嘘をついたり、苦痛だったり、無理していたりする自分に正直になっているでしょうか？

どこにでもある夫婦げんかの内側には、おたがいの、がまんとわがままが、いろんな形で現われているのです。

相手を思う自分の気持ち、自分を受けとめてくれない相手への不満が、一番良く知っている相手を深く傷つけるものです。

そのとき起こった出来事で、いつまでも心が沈んでしまうのは、大切なことを見落としてしまっているのです。

いま起こっている真実を、もっと大きな宇宙レベル、仏さまレベルの目で見ると、まったく違う形だったりするのです。

案外、誰かのやさしい気持ちを見落としていたりするのです。尼僧になってもやはり、つぎつぎと大変な出来事が起こります。

つらいとき、苦しいときは、ご神仏の御前《みまえ》で瞑想します。

「かならず良くなるぞ！」という声がする気がします。

（2000・4）

病気と養生、死と看取り

プレッシャーが身体に響く

住職の日軌上人が荒行の副伝師として、11月から遠壽院の行堂《ぎょうどう》に詰めることが決まりました。

わたしが寺の留守を預かることを引き受けたのですが、失敗なくやろうという気持ちが自分の中でプレッシャーに変わり、その心のイライラが肝経《かんけい》を侵したために、指先に水泡ができ、爪が黄色くなり、はがれて、血が出てきました。

病院の皮膚《ひふ》科へ行っても原因はわからず、薬も効かない状態でした。しかたなく荒行堂に連絡して肝経の漢方薬を教えていただき、「桂枝茯令丸《けいしぶくりょうがん》」を飲んだら収まりました。

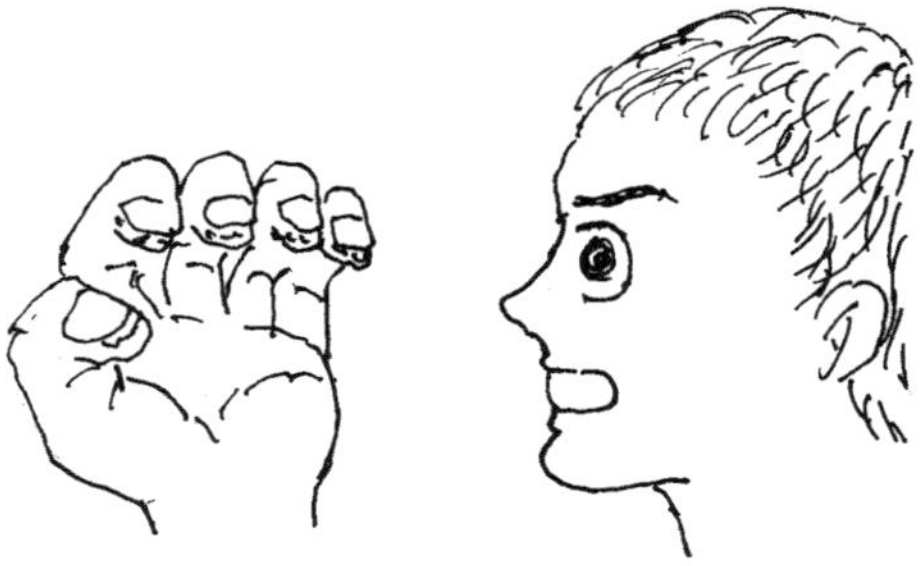

ジタバタしても、ハラハラしても、大きな力に動かされていることを心に置いて、ゆっくり自分の癖を見つめるようにしています。

（２００１・11）

西洋医学と仏教医学

わたしたちは病気になると、まず病院へ行きます。ところが、西洋医学では痛む部分だけを治療し、身体全体のバランスをあまり考慮しません。

仏教の教えには、身体の健康に関するものも多くあります。いまはインド医学（アーユルヴェーダ）と呼ばれていますが、昔、仏典とともにそれが中国に伝えられ、東洋医学として日本に渡っています。

この教えは、身体全体のバランスが崩れると病気になるという考えから、痛む部分とは一見なんの関係もないようなところの、経絡《けいらく》の上のツボを刺激することで、バランスを調えることをします。

日本も江戸時代までは、この漢方治療が主流で、あとは祈禱や祈りといった魂の訓練をすることで病気を治していましたが、明治の初めに西洋医学を輸入するとき、この魂の治療法を除いて取り入れてしまったために、現在のような治療法になっています。

いま、心療内科にさまざまな苦しみを抱え、答えを出せずに悩んでいる多くの人びとがいます。

心の病はメスで切っても治るものではありません。わたしたち仏教者は、末期ガンの人に出会って、なにを伝えられるでしょうか。

魂の治療を選ぶことによって、自分の人生と、生まれ変わる生命を信じることが伝えられると思います。

自分の生きる意味を発見し、苦しい自分から脱出し、生きがいを見つけることが、楽しい人生をまっとうすることなのだと思います。

（２００１・３）

アーユルヴェーダと玄米菜食

10月の末に宝塚で行なわれたアーユルヴェーダ学会の総会に行って来ました。アーユルヴェーダというインド伝承医学が伝えられて30年を経て、その日本の医学の中での活躍はめざましいものがあります。

医学的な部分がすごいことは、みなさんの発表でよくわかりました。驚いたのは、アーユルヴェーダを日本に伝えた人がマクロビオティック（玄米菜食）の桜沢如一《さくらざわゆきかず》さんだというこことでした。玄米の力を日本から世界に発信した桜沢さんは、アーユルヴェーダをも日本に伝えていたのでした。

ところでマクロビオティックでは、体質に関係なくすべての人に玄米食をすすめていますが、アーユルヴェーダの場合は、その人の体質によって違う消化力の強さで、かならずしも玄米をすすめないときがあるとのことです。

わたしはカパ（水）という体質ですから、玄米を食べて消化せずもたれたりしたことがないので、まったく気がつきませんでした。

アーユルヴェーダの食事の本を出している香取薫さんの話では、ワータ（風）体質の方が勤勉に玄米食をつづけると、皮膚がからからに乾燥して痩せてしまうというのです。

わたしは慌てて学会の中のワータの方にそのことを聞くと、ほとんどの方から玄米を食べるともたれるという答えをいただきました。

今回の学会でわかったことは、自分の身体を自分で養生することです。

それは特別なことではなく、毎日の日常で朝の歯磨き、舌磨き、鼻洗い、オイルマッサージ、白湯《さゆ》飲み、ゴマ油のうがい、ウコンを食べること、ご飯前の生姜《しょうが》スライス、などです。

どれも簡単にできることですが、慣れないとつづけるのは大変かもしれません。

わたしも、朝のオイルマッサージはときどきしかできませんが、自分の身体を少しの油で触ることで変化がわかります。シャワーのあとのサッパリ感は、爽やかな一日に向けての力になります。

食べるもので身体は作られています。おなかが空いてからしっかり食べて、しっかり消化する生活をしてみましょう。

自分の身体の変化に気づき、大事にすることから健やかな生活が始まります。


（2008・11）

老僧の病気の治し方

季節の変わり目には体力が落ちるせいか、体調をくずすことがよくあります。

わたしは月初めから一週間ほど熱を出し、困ってしまいました。

身体の節々が痛み、だるい状態がつづきました。こんなときは本当におかゆと梅干が身体には良くて、医者は「栄養をつけないと治らないから、栄養のあるものを食べなさい」と言いますが、身体が受けつけないのです。

おかゆを食べて、よく眠ると、身体全体がぼーっとして透明になったように感じます。これは穀断《こくだ》ち（穀物を食べない断食）のときと似ていて、身体の中に蓄えてあるエネルギーを出しはじめているのかもしれません。

この時間を大事に過ごせば治りは早いのに、ここまで来ると、おなかが空いてきて、つい普通食（油を使った野菜や魚などの料理）を食べてしまい、おなかが渋り苦しみました。「身体は正直だ」と思わずにはいられない体験でした。

今年白寿をお迎えになった釈迦寺の大御前《おおごぜん》は、風邪を引くとほとんどご飯を召しあがらず、部屋のベッドの上で坐禅を組み、何時間も瞑想をしておられます。死に直面した病を瞑想（止観《しかん》）で治し、元気で歳を重ねる技を実践なさっています。

ときおり、本堂で木刀を素振りなさったり、青竹を踏んだり、大きな声で太鼓をたたきながら読経なさることも、健康の秘訣かもしれません。

いまの社会では、病気になると医者に頼りきりになり、自然に治る力を信じられなくなっているように思います。なにより自分の生きる力に素直に従うことが、健やかに生きる鍵なのだと思いました。

（２００９・３）

心から「ありがとう」と言える毎日を

先日、母方のおばが脳内出血で倒れてしまいました。いつも元気にしていたし、家族がいっしょに住んでいて、娘が看護師だったこともあって、誰もおばの具合を心配してはいなかったのです。その日も午前中には、私の母や、いとこや姉と電話で話していたといいます。そして、午後には電話がつながらないまま、買い物に出たのだろうと、みんなが思っていました。

じつは風呂場で倒れて7時間ほど経過しており、発見されて午後6時半に救急車で病院に運ばれたのでした。親戚の人たちが見舞いに来て、何時間も付き添い、なぜこうなったのか、どんな人生だったのか、なにをしたかったたか、思い出しながら話をしました。

毎日、掃除洗濯をして、食事の仕度をして、少女漫画を見て音楽を聴き、子どもたちを34〜35才まで育てた、おばの人生の楽しかったこと、つらかったことを思い出しました。

言い残したいことも、たくさんあったでしょう。もしも話ができたなら、きっとご主人に「長い間ありがとう」、子どもたちには「思ったとおりに自由に生きなさい。そして、ありがとう」と言っただろうと思います。

自分が死を迎えたとき、出会った多くの人に心から「ありがとう」と言える毎日を送ることができたらいいなと思います。

（２００５・10）

臨終を看取ること

先日、友人のお父さんの葬儀をしました。

じつは、その２週間ほど前に「父親が危ない状態で、どうしたらいいか」と相談を受けていました。わたしはいろんな事情を聞いたうえで、「娘だから看てあげたらいいと思うよ」と伝えました。

それから10日でお父さんは危篤になり、彼女は弟と自分の子ども２人を連れて１００キロほど離れた父親の病院へ行き、父の命を継ぐ人たち（子や孫）に会わせ、その２日後には息を引き取るときに側について見送りました。

彼女のお父さんは、彼女の５才になる息子の手を取り「お母さんを頼むよ」と言い、１歳半で別れた31才になる息子には「子どもはいるのか？」と尋ねたといいます。

しかしながら、彼女がそのあとの葬儀などの行事までも１人で引き受けるのは、本当に荷が重かったと思います。

わたしは僧侶として「葬儀のことは任せて！」と、病院からの車の手配をはじめ葬儀全般を引き受けましたが、彼女は大変でした。

今生に生を受けた恩があるというものの、病院代や葬儀の費用などをすべて彼女が引き受けたわけです。彼女の真心にたいし、

亡くなった父親が彼女たち家族の幸せのために、霊界から加護してくれるよう祈るばかりです。

そして、僧侶はこのような「いのち」の最期に関わる人の支えにならなければと思います。

（2008・5）

食＝「いのち」をいただく

「いのち」をいただいているということ

幼いころ、父の実家は北海道の農家で、お祝いごとなどで親戚が集まると豚を一頭つぶしました。わたしはまだ3才くらいで、「子どもは見てはいけない」と言われた、その場所へ行ってしまった記憶があります。

ある生協では、豚肉への取り組みが始まると、かならず「豚肉の解体」という勉強会があります。それは消費者が好きなところばかり買うと、残ってしまう部分があることを学ぶためです。

最近は鶏《とり》肉にしても、豚肉にしても、切り身になって、姿形を変えてスーパーの肉売場に並んでいるために、つい1週間前には、生きて餌《えさ》を食べていたとは想像もつかないのです。

しかも、大安売りだったりすると、わたしたちの心の中に「どうせ100円だったし」みたいな気持ちが起こり、食べ残したりむだにすることを、なんとも思わなくなっているところがあるような気がします。

いまの日本人は、食事の内容も豊かになり、衣類も安く手に入り、紙などもどんどん使い捨てにしていますが、それらはいずれも外国からの輸入にたよっているものばかりです。もしも自給自足にしようとしたら、もっと生き物の「いのち」を大切にしなければなりません。

野菜でも、肉でも、すべて食べ物の「いのち」をいただいて生きているわたしたちだということを、ときには思い出してみましょう。

（2004・9）

旬の土地のものを食べる

いま、世の中は静かにオーガニック（自然食）が広がってきています。わたしが子育てのころに出会ったマクロビオティック（玄米菜食）という生活の中には身土不二《しんどふじ》という言葉があります。

その季節のその土地のものを食べるということですが、いまの日本は夏に温州《うんしゅう》みかん（冬に旬になるみかん）、冬に西瓜《すいか》が食べられる不思議な国です。

しかし、たとえば、この夏にできたみかんをずっと置いておくと、ふつうは青カビが出て腐るのですが、黒いカビが出て、炭のようになったことがあります。

野菜でも、果物でも、旬の時期でないものには、そのものに無理な栄養が注がれて育ち、科学的な異変が起こるのだと思います。

お寺に上がったグレープフルーツは、3か月も腐らないお化けです。輸入物の果物や野菜が安く売られているからといって、安価なものに走るのは危険です。輸出元の人びとはけっして食べないほどの農薬がかかっているかもしれないのです。

いま起きている牛肉の問題も、鶏インフルエンザも、本来、わたしたちが必要としない輸入品から起こっているのかもしれません。

わたしたちが食べるものは、国内の自給だけでやっていくことが理想です。できるだけ国産のものを大切にしていきましょう。

（2006・2）

おいしいものを食べるが一番

飽食の時代といわれている今日このごろですが、国産の有機栽培で無農薬の野菜というと、とても値段が高いです。

でもどうでしょう。農家の人が天候を気にしながら育てた野菜1個の値段は、あまり安くてはおかしいと思わなければなりません。

農薬のかかっていない野菜には、虫がついていて、穴があいているものです。これを「きたない」とか「気持ち悪い」と言うと、生産者は農薬をかけざるをえないのです。

パンはどうでしょう。パンは日がたつと固くなりカビが生えますが、これも「きたない」と言われると防腐剤入りのパンが出回るわけです。でも、1か月も2か月もカビが生えないパンを見ると、「これはもう食品ではないなぁ」と思います。

消費者であるわたしたちが選んで買わないかぎり、どこで誰が作ったかさえわからない食べ物がまわりにいっぱいになり、日本には生産者さえいなくなる時代が来るのでは……と不安になります。

本当に良い物を大切に食べる気持ちと、食べ物に感謝していただく心を伝えていきましょう。

（2007・2）

自然を活かした食事が最善

わたしがマクロビオティック（玄米菜食）と出会ったのは20年前でした。それまで、料理は「さしすせそ」で味付けをして、化学調味料たっぷりの食事をしていたわたしには、驚きの料理法でした。

まず、台所から砂糖と酢《す》をとりのぞきます。なぜかというと、砂糖は素材の味を閉じ込めてしまうからです。砂糖と酢はとても陰性が強く、身体を冷やす働きがあります。ですから、野菜を調理するときは、皮をむかずに切り、ごま油などを少し入れた鍋《なべ》で炒《いた》めたあと水を入れ、醤油や塩、味噌で味付けをするのです。塩と油は食べ物を陽性に変え、身体を温めます。そうすると、南瓜《かぼちゃ》なら南瓜の味、人参《にんじん》なら人参の味がおいしく伝わるのです。また身土不二と言って、その季節にその土地でとれる野菜や魚を食べることが大切です。

そして、なによりよく噛《か》んで食べること、食べ物に感謝して食べることが大切なのです。

いま、わたしたちのお寺では、玄米にごま塩をかけて、野菜を中心に惣菜を作り、一度乾煎《からい》りした野菜で味噌《みそ》汁を作りいただいています。

おいしく身体に良い食事をしましょう。お経を唱えて、ありがたくいただきましょう。（2007・7）

大事にすべきはエコライフ

世界的な原油の値上がり、小麦の値上がりで、わたしたちの日常生活は節約モードです。なるべく安いものを手にいれようとすると、中国産の物が目につきますが、これもどのように栽培されたかわからないので、恐ろしくて手が出せません。

厚生労働省は「人体に影響のある濃度の添加物ではない」などと、気休めを発表しているとしか思えません。こんなときこそ、地元の生産者の出荷している素性の確かな品々を、少し値段が高くても買いつづけたいものです。

高い物であれば大事にもするし、残すことなくいただけます。鍋、釜にしても、国産の物を選んで大事に使うこと。主食も、なるべくご飯を食べていれば安心でしょう。

パンやケーキを食べる習慣をご飯とせんべいにして、コーヒーを日本茶に、肉を魚にしていくと、だんだん昔の日本人の食卓に近づいていきます。

いま、世の中がどんどん便利になり、人びとは楽なほうへ楽なほうへと流れています。

楽な暮らしには節約がなく、むだが多いものです。なんでも使い捨てにして、お金をかけて時間をきりつめていますが、手間暇かけたものには、それなりの思いがこもるものです。

思いのあるものは人に伝わり、心を育てます。この機会に本当の節約生活、大事にすべき生活はどんなものか、見つめてみましょう。

大事にする物が多くなり、ゴミも少なくなり、環境にやさしく生活できると思います。自然が与えてくれた恵みをありがたく受け取る生活ができるといいですね。

（2008・9）

エコ＝愛のある暮らし

愛情がお金で買える？

最近、買い物に行くときには、エコバッグ（買い物かご）を持って行くように心がけています。日本人はやたらと包装をしたがる人種なのでしょうか。買い物をすると、プレゼントでもないのに何重にも包装して、そのうえビニール袋にも入れてくれます。たとえそれが美しい紙でも、どうしてもゴミになってしまいます。

わたしは母が戦争体験者なので、なんでも「もったいない」と大切にするように育てられました。そのためか、包装紙を捨てられず山のようなゴミを抱えています。

このような美しい包装紙を封筒にして、毎月送ってくださるご信者さんがいらっしゃいます。「いいなぁ」と思っても、なかなか実現できないわたしですが、少しずつ努力してみようと思っています。

いまは、子ども服でも繕《つくろ》ったりせず、穴があいたら捨てて、新しいものを買うほうが早くて安い時代です。

お菓子なども、おもちを揚げたかきもちや、焼きおにぎりを手作りするより、冷凍もののほうが簡単だし、安いわけです。

でもなんだか、親が子どもに「なにか」してあげる時間がだんだん減ってきて、ちょっと間違うと、愛情がお金で買えるものになってしまう時代がくるのかもしれません。

いま、わたしたちにできることは、いかにスピード時代であっても、ゆっくりとした時間を取って、「なにか」を大切にしていくことだと思います。

1日に少しの時間でも、自分のため、子どものために、手を合わせて座る時間をつくりましょう。

（2003・2）

一人ひとりができること

「K19」というロシアの潜水艦の映画を観ました。

1960年代の出来事で、原子力潜水艦の原子炉が故障し、その場所が敵国の近海のため助けも求められず、そのために原子炉を修理する仕事に携わった人が命がけで修理にかかって被爆し、目が見えなくなり、皮膚はケロイドになり、嘔吐《おうと》しながら死んでいきました。

艦内で起こった被爆は広島規模の恐ろしいものでしたが、そのお陰で乗組員130名は助かったという映画でした。

日本でも、原子力発電所の事故が何度かありました。そのとき公表されないことのなかに、怖いことが隠されているような気がします。

やめていた柏崎の原発を再開する国の考えは、変えられないかもしれません。わたしたちの日常生活でできる節電で、少しずつでも原子力による発電を減らすことはできないものかと考えます。

よその国では危険だからやめていることでも日本はやっていて、外国からきた人が驚いています。

「なぜ、こんなにゴミが多いの?」

「どうして、こんなに過剰に包装するの?」

わたしたち一人ひとりができること、ゴミをゴミにせず、エコバッグを持って買い物をすること、マイ箸を持って外食すること、また電気を大切にする、そんなことから、小さなことからでも始めなければと思います。

地球のいのちに、南無!


（2003・7）

わたしたちにできること

今年は暑い夏で、米も豊作と思っていましたら、青田刈りをすると聞き、とてもショックでした。

なんと山形では、毎年、耕作地の30％も青田刈りをするとか……。なにか疑問が生まれて、さみしい気持ちになりました。

お米の生産者のことですから、わたしがどんなにがんばっても、国レベルの話はできません。キャベツが大豊作で値崩れするので、トラクターでつぶしている光景を、悲しい思いで見ていました。

海に流れる洗剤で海藻が育ちにくくなる中で、あるサーファーの若者たちが「合成洗剤をやめて石鹼《せっけん》にしよう」と言って海岸のゴミ拾いをしているのを見て、身近なことから、なにか始められそうな気持ちがしました。

自分はとても大切なものです。その自分を守る環境もまた大切なものです。昔の人は、〝もの〟を大切にしていました。なんでもゴミにしてしまういまの日本人は、日本人の心を忘れてしまったのでしょうか？

一人ひとりが、個人ではなく全体の一部だということ、なにかに生かされて生きていることを、もう一度思い出してみましょう。

（2004・8）

危ない便利な生活

電子レンジの電磁波が危ないといわれ、携帯電話の波長が身体に害があるといいます。それでも使ってしまうのは、目に見えないからなのでしょうか。

水でも、電気でも、紙でも、大事に使っている時代《とき》がありました。いまは、安いからといって、紙、服、ビニール、ペットボトル、みんな使い捨てにしているわたしたちがいます。

ある日、突然停電になったら、電話もストーブも使えない家に住んでいることに気がつきます。

便利な電気をみんなが使うために原子力発電所がありますが、そこから出る廃棄物はどこに捨てられるのでしょうか?

石油の残りから作る合成洗剤が水を汚し、蛍光発色剤が身体に悪いと知っていても、洗い上がりの白さと安さから使ってしまうわたしたちです。

「このままではいけない。なにか少しずつ、もとのわたしたちにもどしたい」と思うのはわたしだけでしょうか。

なかなかすぐには実行できないことですが、少しずつ広げていきたいと思います。

（2005・3）

レジ袋の廃止、賛成よ！

わたしは買い物に行くとき、エコバッグというものを持っていくようにしています。折りたたんでバッグに入れるものですが、自分でなるべく心がけているスタイルが、実際のレジでは奇異な目で見られてしまいます。

わたしと住職はマイ箸というのを持ち歩いて、「割箸はいりません」という気持ちで使っています（実際に健康面から考えても、割箸はカビを防ぐ薬がかかっていますから、できれば使わないほうがいいと思います）。いずれも慣れないうちは、けっこう箸を忘れたり、エコバッグを忘れたりしました。

わたしの母のころは、買い物かごを持ってお店に行きました。またお店では、品物を紙で包んでくれました。いまはビニール袋が普通に使われていますが、このゴミが川や海に流れると、永久的に残っていくと思うと、できるだけペットボトルやレジ袋を使わずに暮らしていきたいと思っています。

これからの子どもたちのためにも、ものを大切にしていく心を伝えるライフスタイルを、わたしたち僧侶から始めなければと思っています。

感謝の心をこめてお経を唱えましょう。

(2005・8)

便利な生活よりスローな生活

電気製品が発達し、日常生活が電化しているわたしたちは、100年前に比べると、ものすごい速さで暮らしています。とくに女性の仕事は、洗濯や掃除、食器洗いにいたるまで、昔の人の何分の1の時間でこなせるようになりました。

電子レンジについても、いままで外側から温めていたものを、電磁波によって中から温めるようになりました。便利なようですが、この電磁波がいま問題になっていて、身体に害があるかもしれないといいます。

身近なところにさまざまな電気製品がありますが、携帯電話はどうでしょうか？　イギリスでは15才以下の子どもには持たせないほど、身体に害があるとされています。日本では、まったくそんな情報は入ってきません。友達が持っていると欲しくなる、日本の子どもたちの身体が危ない！

アスベストがいまごろになって発ガン性があったと騒いでいる日本では、10年、20年単位で、そういう情報が企業の発展と比較してもみ消されてしまいます。自分の身体は自分で守らなければならないのに、わたしたちはこれらの情報にはまったく無知です。

巷《ちまた》では、スローフードが流行っているといいます。少し不便でも、昔ながらのやり方で生活することをおすすめします。

そう言いながら、時間に追われて車を乗りまわしているわたしは、毎日歩いて買い物に出かける90才の大奥さんを見ながら、うらやましく思っているのです。

歩いていると、本当に季節の移り変わりや人の声、虫の声などにほっとします。

静かにお線香をたいて合掌する時間を大切にしてください。感謝の心をこめてお経を唱えましょう。

（2005・9）

オール電化の良し悪し

テレビのコマーシャルで、オール電化の生活は便利、快適と放送されています。本当にオール電化にしていいのでしょうか？　もし地震がきて電気が止まったらどうなるのでしょうか？

いまでも台風などでよく停電になって、ストーブがつかない、電話が鳴らない、テレビに頼りきっているのでラジオもつけられない、そんなことがあります。

便利になればなるほど、コンセントからの電気が止まると、なにもできなくなっているわたしたちになっていませんか？

原子力発電を止めたいと思っても、片方ではどんどん電気を使えと勧めています。「原発反対と言うなら、ひとつでも電気を消すことからはじめよう」と言われながら、片やどんどんオール電化にしろと宣伝されると、「そうかな」と思ってしまうわたしたちは、マスコミに踊らされているのではないでしょうか？

これから、原子力発電所からの見えない放射能が空気を伝わって体内に入り、カルシウムと結びついて蓄積されることが明らかにされれば、きっと不安になることでしょう。

だからといって、電気を使わない生活はできないと思います。その中でも、できることを少しでも始めてみましょう。

子どもたちが大人になったときに、安心できる地球を残してやりたいものです。太陽の恵み、大地の恵みに感謝して、大切に生きていきましょう。

（２００６・４）

なくなってからでは遅すぎる

空梅雨といわれて、とても降水量が少ない今年の梅雨です。こういう危機にさらされると、節水に気をつける気持ちになります。

これがいつものようにちゃんと雨が降ると、水はいつでも溢《あふ》れて出てくるように思ってしまいます。温暖化が進み、世界中で異常気象が認められています。いつ雨が降らなくなるかわかりません。

生活の中から空気を汚すことをやめ、できるだけ公共の乗り物に乗ることが望ましいのです。

便利さ、安さ、速さでつい自家用車を利用する生活を、少しずつでも自転車や徒歩に変えていきたいと思います。

いまは電気がなければ生活できない時代です。しかし、このまま未来になれば、電磁波による病気がかならず発生して、「防御壁に囲まれた地下室から出られない人類になるのでは？」と不安になります。「備えあれば憂いなし」の古人の心がけをもう一度思い出し、電気を消して、物を、資源を大切にしてみましょう。

お経を唱えつつ心を見つめましょう。

（2007・6）

電磁波の害

便利な世の中になって、安心、安心と思っていたら、大きな落とし穴がありました。それは目には見えないものです。

家庭の内にも外にも、いまやないところはないくらい、日本中に電気製品がいきわたり、各家庭には1家に1台、電子レンジ、パソコンがある時代になりました。

あるパソコンを使って仕事をしている企画の方が近所の小学校の校長先生に、「自分たちは電磁波ブロックの制服を着ていますが、子どもたちにもそれを着せるべきです」と提案したといいます。

インターネットでは、妊婦用の電磁波ブロックエプロンを1万円ほどで売っています。

家庭で台所にある電子レンジから胎児と妊婦を守るものですが、パソコンを使用している子どもたち、若い人たちも、電磁波から守るべきではないでしょうか。微量だから平気というものではありません。長い目で見て子どもたちの将来のために、身体を守らねばならないのです。わたしの家でも高校二年の長男には、これをつけさせています。

子どもの未来のためにも、大事なものを守れる人間になりたいものです。（２００７・８）

環境のため未来のため

北海道洞爺湖で行なわれたＧ８サミットのおかげで国内のエコ熱は最高潮になり、「ガイアナイト」と呼ばれる土曜日がありました。全国の各地で午後8時から照明が消え、家庭でもロウソクを灯して試みた方もあるでしょう。

家でも5年生の息子が先に立って準備して、薄闇の中でお風呂に入ったり、ロウソクの明かりで食事をしたりしました。

「昔はこんな生活をしていたんだね」と話しながら過ごし、いままであたりまえと思っていた電気の明かりが、すごいものだとわかりました。

ところがそう思っても、いままでのボタンひとつでパッと明るくなる生活は、急には変えられません。家ではときどき「ガイアナイト」にしてみることにしました。

サミットで賑わった北海道では、何千食ものお弁当を地元の食材にこだわり、ゴミの回収をも考えたものを出していたそうですが、その後も実行していることを祈ります。

ある試算によれば、世界中が日本人と同じ水準で生活すると、地球の2・4個分の資源が必要だといいます。日本人の生活にはダイエットが必要ですが、便利さの贅肉を落とすのはそう簡単ではないでしょう。

中央教研という会議で、8年前に環境問題について話し合いました。このときから3年つづけてマイ箸、マイカップの持参を呼びかけましたが、つづけている人はほとんどいません。

8年前は最先端でしたが、いまでは一般の人びとのほうが環境にやさしい生活を実行しているようです。頭で理解できても行動しなければ、なにも変わらないのです。

環境問題も、本来の日本人は、着る物にしても、食にしても、リサイクルの上手な人種です。もっと日本人の心に返って生活してみることも大切なのではないかと思います。身体にいいこと、心にいいこと、自分の周りにいいことをはじめましょう。

（2008・7）

化学薬品を使わない生活

日常生活で欠かせない洗濯、炊事に使う洗剤は合成洗剤が一般的です。これは排水を汚すと思われがちですが、じつは洗い終わっても、洗濯物なら繊維に付着し、食器なら陶器や金属に付着して、つぎに使用するときにその合成洗剤の成分が皮膚や口から体内に入ります。

まだ、はっきりとは発表されていませんが、このような化学薬品の影響でアレルギーなどの反応がおこると、わたしは考えています。さらに、この排水は浄化槽に入り、浄化槽の中の微生物を殺してしまいます。

環境のことは自分には関係ないようですが、合成洗剤の使用で川や海の微生物や魚を殺し、食卓にも影響が出てきます。

同じことが、洗髪でも起こります。一般に市販されているシャンプーで洗髪してリンスをすると、皮膚が弱くなります。これが抜け毛の原因のひとつだと、わたしは思っています。

洗髪剤を石鹸からつくったシャンプーに変えると、1か月ぐらいすごくフケが出て、頭の皮膚が変わります。そうすると、丈夫な髪が生えてきます。身の周りから少しずつ化学薬品を取り除きましょう。

身体の健康から、環境への気持ちが生まれてきます。わたしたちの周りに生きるたくさんの生き物と共に生かされている幸せを感じましょう。


（2008・8）

日本人らしく生きる

日本人らしいことを大切に

生活の中に便利なものがあふれ、衣類も繕《つくろ》うより買ったほうが安い時代です。わたしの幼いころは、ビニール袋が貴重で、スーパーバッグと呼ばれて何度も使ったものですが、いまではコンビニでもどこでもビニール袋があたり前で、レトロな紙袋はかえって貴重品です。ゴミ収集に手を焼いている各市町村では、家の中にあふれるほど配られるスーパーのビニール袋に課税して、家庭ゴミの削減と税収の一挙両得を狙おうと、手ぐすねを引いています。

昔の人は着物をリサイクルして、雑巾になるまで使いましたが、古くなった衣類は、いまではゴミになってしまいます。

食べ物にしても、わたしたちが子どものころは「残してはいけない」と教えられました。しかし、いまコンビニやファーストフード店では、賞味期限が切れると、食べられるものが山ほど捨てられ、それを見ている子どもたちに、「残したらもったいない」と、わたしたち大人は言えなくなりました。

家の中に目を向ければ、部屋はフロアの床がほとんどで、畳はずいぶんと少なくなりました。そのためか、子どもばかりではなく、正座も満足にできない大人が増えています。

わたしたち日本人は、畳に座って食卓を囲む、一家団欒《だんらん》の温かさに囲まれて成長してきました。しかしいま、身も心も、近代化の名のもとに欧米化して、畳ばかりではなく、日本人らしさをも失おうとしています。

どんなに便利な世の中になっても、四季によるいろいろな行事や日本的な気候風土、風の香り、花の色など、日本人であることを感じていける心を忘れずにいたいと思います。

（２００２・３）

昔の人の知恵

わたしたちの食卓は、戦後の復興から欧米化がはじまり、朝食や学校給食はパン食になって、コーヒーを飲む家が多くなりました。

そのせいか箸を正しく持てないまま大人になり、ご飯は左、味噌汁は右に置くことも忘れられている時代になってしまいました。

幼稚園では給食にご飯が出るときには箸を使いますが、これが上手に使えなくても、犬のようにお皿にくっついて食べても、教えてもらったりはしないようです。

高校を卒業したばかりの女の子にお茶を入れてもらうと、湯のみに少しずつ入れながら濃さを調節することは、なかなかできないものです。

ましてや「朝の一杯茶や、出かける前の一杯茶はいけないから、二杯目を注《つ》ぐまねをする」などは、モーニング・コーヒーの時代の娘さんにはわからないことかもしれません。

お年寄りと同居することが少なくなった現代では、このようなことを誰が教えてくれるのでしょうか。

なぜ、出かける前に二杯目を飲むのでしょうか？「急いでいるときこそ、落ち着いてひと呼吸をいれるため」と、わたしは思います。

ある人が友人の家を訪問し、帰るときにその家の奥様がもう一杯のお茶を注いでくれました。その一杯のお陰で、その後すぐに起こったトンネルの落石事故をまぬがれたという話があります。

その一杯のゆったり気分で忘れ物を思い出したり、事故をまぬがれたりするものです。

ご先祖様のお仏壇や神棚のない家が増えていて、ご飯の「お初《はつ》」を上げたり、ご飯は2回以上しゃもじでほわっとよそうことを母から何度も聞きましたが、知らない人にはまったく意味のないこと、ただの迷信でしかないのでしょうか？

昔の人が毎日を大切に生きていくために伝えた、日本人の知恵や習慣はとぎれてしまうのでしょうか？

手を取り、いっしょに作った食べ物の味は、事あるごとに教えてくれた人の姿をよみがえらせます。母の味は、そうやって身体が覚えているものです。

母や父、祖父母、近所の方から手渡しで伝えられる小さなことを、守って伝えていきたいと思っています。

そして、自分の血の中に生きている先祖の良いところを残していきたいと思います。大切なものを大切にしながら、お経を唱えましょう。


（2004・12）

遠回りでも自分らしい生き方

いまの世の中では、早いこと、上手なことが良いこととされています。学校の成績も出来高主義で、考える過程を大事にせず、つまずきながらゆっくり問題を解く余裕はありません。なにもかも、手早くできるように訓練しているかのようです。

家庭生活の中でも、いかに主婦の仕事を短縮するかを高く評価しています。家庭の仕事を細かく隅々までしていくと、いくら時間があっても足りません。人はどこかにこだわりをもって、それをこなしています。自分の気持のいいリズムややり方を大事にしているものです。

じつは、わたしは早くて正しいことを良いことだと思い込んでいました。いま、ヨーガや瞑想の時間をもち自分を見つめるようになって思います。

長い人生を歩んでみて、その早い、正しいがどれほど役に立つものかと。

あせらず、あわてず、自分のすることを大事にして、1日1日を楽しく暮らすこと。

自分にも家族にもゆとりをもって、にっこりすることで、たとえ遠回りでも自分らしい生き方ができると思います。

忙しい朝に少しの時間をとって、ゆったりとお経を唱えましょう。

（2008・3）

安い、早い、便利を見直す

便利で安心な日本の社会。いつでも、どこでもコンビニエンス・ストアがあり、困ることがありません。日本人の欲求に合わせて、安い、便利、使い捨てが普通になってしまいました。

安さ、便利さに負けて、限りなく人の心は使い捨てに走ります。安い中国製品を買い、振り向けば自分の国では、鍋、釜さえも作る技術がなくなるのは目前です。

洋服の繕いもせず、新しいものを買うほうが安く上がる。実際に、鍋や釜の修繕屋さんもいなくなりました。母の手作りより冷凍食品、国内産より海外ブランドが手っとり早い世の中が、いまの日本です。

ひとつのものを大事に使う日本人の心は、どこへ行ってしまったのでしょうか？　いま、中国ギョーザ事件で、わたしたちは気づかなければならない時が来ているのです。みんな頭ではわかっていながら、流されているのです。

わたしたちが求めるかぎり、コンビニは夜中まで煌々《こうこう》と電気をつけて、むだなエネルギーを放出します。わたしたちが買いつづけるかぎり、海外で作られた惣菜は届きます。安い、早い、便利を、スローな生活の中で見直してみましょう。物を大事に使った日本人の心を取り戻しましょう。

（２００８・４）

取り戻そう昔の生活

原油の値上げと世界的な小麦の値上げで、ほとんどの品物が値上がりしています。自動車に乗るのを控えることは、温暖化防止に役立ちます。健康のためにも、歩くのはよいことです。歩いていると、いつも自動車に乗って通り過ぎる景色も一味違い、ゆったりとした時間をもてるようになります。

現代人はなぜ、こんなにも急ぐのでしょう。早いことで時間を得しているように思うのでしょうか？

食べ物も同じように「電子レンジでチン」が普通になっていますが、それは日常の食卓に並ぶ食べ物のほとんどが冷凍食品になっているからです。加工してあれば、それだけ割高になり、いろんな添加物も加えられていて危険でもあります。この機会に、手作りを増やしてみてはいかがでしょう。

小麦粉や卵の値が上がり、パンや洋菓子も高くなります。でも、日本人には米があります。米のご飯とせんべいを食べて、暮らしていきたいものですね。それは、「米作り農家の方を支えながら自給しましょう」というお告げのように思います。

物を大切にし、残さないように食べて、ゴミを出さない、昔の日本人の生活と心を取り戻しましょう。

（２００８・６）

仏教＝祈りと救い

世紀末に思う

いよいよ20世紀最後の年、「うさぎ年で21世紀へと飛べるのだろうか？　１９９９年はなにか大変なことが起こるのでは？」と、ずっと心配していました。

とうとうその年を迎えます。12月17日のイラク空爆のときは、本当に世界戦争になってしまったらどうしようと、毎日お経を唱えていました。

みんなで平和を願い、心をひとつにして地球を大切にする心をもたなければなりません。また、その祈りが自分だけであっても、むだなことだと思わずに祈りつづけたいと思います。

日蓮聖人が７００年前に、日本はこのままではだめだと思い『立正安国論《りっしょうあんこくろん》』をお書きになられたときと同じように、いま国全体が、世界全体が、自分のことしか考えていないように思えます。

家庭も同じです。自分が良いと思うことを家族に要望することが、本当に家族のために良いのか？　みんなの意見を聞いたのか？　このことを確認せず、一方的に一人の価値観で動いている家庭が多いものです。

それぞれが幸せになるには、自分だけでなく、それぞれの本当の気持ちになって考えることが大切です。

親は子どもの希望を聞いて、子どもは親に感謝し、夫は妻の配慮に気づき、妻は夫の苦労をいたわって、21世紀に向けて楽しい人間関係を築きましょう。

人間関係の基本の家族を、もう一度見直してみましょう。

（1998・12）

目先のことしか見えない凡夫

毎日の仕事に日々追われていると、大きな流れに動かされている「人生」だったり「運命」だったりするものの、ほんの一部でしかない「いま」を忘れてしまいます。

ひとつひとつをちゃんと片づけていかないと、そのうち大きな穴になってしまうか、脱線してしまうのではないかと、不安になります。

どんなにひとりであがいてみても、時《とき》、時期が満たされないと、ものごとは動きません。

日蓮聖人は『報恩抄《ほうおんしょう》』の中で、

「是《これ》はひとえに日蓮が智のかしこきにはあらず、時《とき》のしからしむる耳《のみ》。春は花さき秋は菓《このみ》なる、夏はあたたかに冬はつめたし。時のしからしむるに有《あ》らずや」

とご自身の人生を回顧なさっています。

自分の努力も必要ですが、世の中の動きと自分のもっている力が一致したとき、はじめて変化が起こるのです。

土の中に籠もって7年もの幼虫時代を過ごすセミが、7年目の夏にはすばらしい緑の羽の成虫となって飛ぶように、日々のあわただしい生活に流されていても、そこに「あなたの人生、あなたの運命を信ずる祈り」があれば、かなら

ずその時が来て、あなたらしい成虫へと成長することでしょう。（2001・9）

祈りと健康

先日、お寺で開催した10年に1度の報恩講《ほうおんこう》という行事には、150名ほどの檀家の方々が集まりました。テーマは「祈りと健康」でした。祈りの時間をもつことで、身体が元気になっていくというお話でした。

じつは住職が荒行から戻り、朝勤、夕勤と、いままで引き受けていたわたしの祈りの場を住職にお返しし、家の仕事、お寺の仕事に専念することができるようになりました。

ところが、忙しいながらも30分、1時間と引き受けていた祈りの時間がなくなると、苦しい気持ちが山のようになり、グチグチとイヤな気持ちが取れなくなっていました。

「どうしたんだろう」と娘に言ったら、「お母さん、お経あげなよ。家のことは後にしてさ」と言われてしまいました。イライラして家族にも迷惑をかけてしまいました。

どんなに忙しくても、みんなのため、先祖のために祈る時間が、自分の心をも元気にしてくれていたことがわかりました。

時間がなくても、灯明と線香をあげて、座ってお経を唱えるだけで、一息ごとに新しいエネルギーをいただけます。

（２００５・５）

祈ること

いまは１＋１＝２になることが現実の時代なのでしょうか？

人が気持ちをこめてなにかをつくり、手をかけて育てていくことが、時間ばかりかかり、バカらしく思える時代になったのでしょうか？

いまのわたしたちはなんでも、早く早くと急ぎすぎてはいないでしょうか？

自然災害や戦争が身近にないので、飢饉《ききん》が起きるわけではないですが、昔の人は昇る太陽に、降る雨に、森の木立に、海の恵みに左右されて生きていましたから、この自然の起こす災害にも、ただ祈るしか術がありませんでした。

太古に、人間がまだ言葉をもっていなかった時代があります。そのころのわたしたちは、木々の声、鳥たちの声、土や海の声を聞き取ることができたといわれています。ゆったりとした自然の中にいると、まだその声を聞くことができるかもしれません。

まわりがどんどん急いでいる時代だからこそ、「自分の家族が、まわりのみんなが、日本のみんなが幸せでありますように」と、ちょっと止まって、祈ってみましょう。どんなに忙しくても、お経を唱えましょう。


（2005・6）

袖振り合うも縁

いまわたしが給仕させていただいている釈迦寺では、「お祈りするときに家族のみんなが幸せでありますように、まわりのたくさんの人が幸せでありますようにと裾野の広い祈りをしましょう」と、お伝えするようにしています。

しかし、自分が苦しいのに、他人のことまで考えられるのか？　それとも、自分が楽になったら、他人のことを祈る余裕ができるのか？　いろいろな考え方があります。

御仏《みほとけ》の心は、自分や他人の区別のない、苦しみのない大いなる命にあるといいますから、「そのことを信じて」祈ることが大切なのだと思います。

わたしも自分のことさえいまだままならない身ですが、先日、京都の遠い親戚から体調を崩して苦労しているとの相談を受けましたので、玄米食や日常生活についてお話をしに伺いました。

日常の話の中から、御仏《みほとけ》の心をお伝えできればという思いで、北へ南へと走り回っていますが、気がつけば、たくさんの人に助けられ、大きな縁に導かれていることに気づかずにはいられないのです。

感謝の心をこめて、お経を唱えましょう。

（2005・7）

神仏を信じる力

わたしたちは毎日、自分でものを考えて生活しているように思っていますが、そのときどきのちょうどよいタイミングで人に出会ったり、ものごとがうまくいったりすることがあります。

うちのお寺では霊断《れいだん》を行なってお話をすることがよくありますが、その人のもっている運やご神仏さまを信じる力で、運命が大きく変わってくることがあります。

しかし残念なのは、悩みの原因になっていることがらが霊断法でわかっていても、実行していただけないことです。

「あることをやめたり、あるものを移したりして、いままで継続してきた生き方を改善することで、新しい出会いが得られる」とわかっていても、「それだけはできません！」と、ほとんどの方がおっしゃいます。

「それでは、そのままで良いということですね」と言ってしまえばいいのですが、わたしたちは第二の方法でとりあえず考えます。

ただこの方法は、苦しい動きを少しだけ楽にさせるだけなので、根本を治したわけではありません。

家庭が本当に幸せになってほしいときこそ、

ご神仏さまの力を信じて祈ることで、新しい出会い、新しい展開を運んできてくれるはずです。

世の中は、自分一人の力で動いているのではありません。家族一人ひとりのエネルギーと、ご神仏さまの加護がうまく出会えるよう祈りましょう。

（1999・1）

仏教は神頼み的な宗教か

「仏教のイメージとはどんなものか？」と質問されたとき、苦しい修行があるとか、それによって楽になれるとか、そんな感じがあるのでしょうか。

それより、苦しいときの神頼み的にどんな人でも救ってくれる親切な宗教のように思っている人が多いのではないでしょうか。

いまの僧侶は髪をのばしている人も多いですが、お坊さんがみんなと同じ生活をしているなら、なにも得るところがないように思います。

わたしの経験からいいますと、髪が伸びてくると伸びた分だけ俗化している自分に気づきます。

いま、新しい宗教がたくさんできています。多くの人を導くこと、伝道しながら修行し、たくさん入信させることが修行の証になり、そして肩書きをもらうことに、まるで多くの人に認められたような居心地のよさがあるのかもしれません。

しかし、宗教の中で修行と称したくさん入信させた証が、現実の自分をも本当に変えることができたのでしょうか。

仏教は、誰にでも窓口を開いてくれるすばらしい宗教です。そして、奥深く限りなく自分と向き合う修行により「はっ」と気づくとき、自分が小さな殻の中にこもって生活していたことに気づく、ふところの深い宗教であることをお伝えしたいと思います。

（1999・4）

仏教はすばらしい

「なぜ、仏教はすばらしいか」と住職に聞きますと、「お釈迦さまが人間だからだ」と答えました。

「なぜ、法華経がすばらしいか」と再び聞きますと、「われわれが、そのままで、お釈迦さまと同じ生命をもっていることが説かれているからだ」と答えました。

ある宗教の冊子を読むと、「神が見てくれているから善いことをしてほめられたいのか」とか、「善い行ないで功徳を積むと救われるのか」と思うような表現があちらこちらにありました。

では、いったい善い人とはどんな人なのでしょうか？　自分を殺して相手に合わせる人、他人《ひと》のイヤがることを先に立って行なう人でしょうか？

仏教は先祖供養でも、善行の教えでもなく、生まれてから積み重ねられたたくさんの自分を守る、または隠す心を捨てて、本当の素直な自分に気づくための教科書のようなものです。

日蓮聖人のお言葉の中に、「自分自身が仏にならなくては、両親を救うことはできない」という一節があります。

まず自分が幸せになること、人のために良い人になるのでもなく、子どもでも夫でもない自分が楽しくなること。これはけっしてわがままだったり、自己中心的なことではありません。

自分が幸せなら、かならずまわりの人も幸せになれるはずなのです。素直に自分の心の声を聞いてみましょう。

（1999・9）

夢がストレスを昇華する

最近になって気づいたことですが、わたしは行事などがあるとき、そのことが失敗しないだろうかと、ずいぶん不安に思う性質で、当日までにそのシミュレーションの夢を何度も見ます。

そのお陰で忘れ物やいいアイデアなどに気づくことも多いのですが、疲れることも多分です。

人間は昼間のストレスを夢によって昇華することができると聞きますが、この夢が十分に見られなくなったり、眠れなくなると、ストレスがどんどん蓄積され、生活にも支障が出るといいます。

仏教の教えの中にある止観《しかん》という行《ぎょう》では、眠ってしまって無意識に見る夢の作用を、意識的に心の中で呼び起こし、確認しながら昇華（浄化）することができます。

それは坐禅であったり、瞑想であったり、読経《どきょう》であったりと、修行によって体験できることです。

日常生活の〝動〟である部分が多ければ、〝静〟または〝止〟である行ないによって調節することが大切です。

いつも思うのですが、自分のための時間をつくるのが後まわしになり、一番大切なことができないとか、まわりの細々したことにとらわれて、家族を大切にできなくなってはいませんか？

身体の健康を気づかうように、静かに座る5分間を大切にしてみましょう。

（２００２・８）

1週間の集中内観

8月に1週間の集中内観という体験をしました。それは、生まれてものごころがついたときから現在まで、「人様にしていただいたこと」「して返したこと」「迷惑をかけたこと」を思い出す作業を朝6時〜夜9時まで、1日中考えつづけることでした。そのあいだ食事も作っていただき、洗濯も、お風呂も用意していただく、上げ膳据え膳でしたが、自分を見つめ直すというのは、イヤな自分にも再び出会わなければならないという苦しい作業でした。

自分では人にひどいことをしたなどとは思っていないし、親や兄弟にどれだけ心配をかけたかなんて思いもせず、自分一人で生きているように思い込んでいたのです。

そして、「人はつらかったこと、ひどいことをされたことは恨みのように思っているのに、していただいたことにたいする感謝はなく、あたりまえのように通り過ぎてしまうものなのか」と思いました。そして、真実を思い出したときに、思い違いをしていた自分に気づいたのです。

この1週間を通じて、自分がたくさんの人に守られて生活していたことに気づきました。家族は「あまり変わらない」と言っていますが、わたしの中では家族の大切さをとても感じています。そして、自分を大切にして楽しく生きていこうと思っています。

自分が自分なりに1日を楽しく大切に生きていくことで、まわりのみんなに温かい気持ちを伝えられたらと思います。

イライラしないで時間を大切に、誰かのことを気にしないで自分のことを考えて生活するところから、ゆったりとお経を唱える時間をつくることから、始めていこうと思っています。

（2003・9）

茶の湯の世界から

大都会の企業戦士のあいだで、茶の湯が流行《はや》っているそうです。茶の湯というと女性のたしなみのように思う方もあるかもしれませんが、いまは仕事に追われる男性が一時のやすらぎを求めお茶をたしなんでいるのです。

茶の湯の稽古《けいこ》には「非日常」という空間があります。稽古に入る前に、足袋《たび》や靴下を白いものに取り替え、手を清め、懐紙を用意します。

同じ喫茶でもコーヒーを飲むのとは違う長い前置きがあり、一服の茶を飲むまでには、席に座ってからのゆっくりとした精神統一があります。

一服の茶のために、清めるかずかずの道具を通して、客も亭主も一体となり、自己を見つめ、おたがいの心遣いを感じ、感謝をしていただく行程が、日常の忙しさ、速いテンポの生活から離れ、ゆっくりとした時間を心と身体にもたらします。

対人関係などで切迫した職場を離れて、自己を見つめなおす時間としては最適かもしれません。茶の湯に習熟した方のお手前は瞑想状態そのもの、精神統一がなされていることが知られ

ています。

茶室の環境も、炭で香をたき、湯を沸かす釜も心を和ませる音色が鳴るように工夫され、その個室は深い瞑想ができるように整えられています。

茶の湯の作法は仏教が基礎となっていますから、茶室でできなくとも、仏壇に線香をたき、お花を供え、お経を唱える声で、私たちは十分に自己を見つめる瞑想ができます。ゆったりと自分の声に、呼吸に心を向けて、お経を唱えましょう。

（２００６・５）

お寺と僧侶のあり方

お寺の生活は健康的

いよいよ2000年代が始まりました。21世紀は「人類の共生」が実現し、すばらしい世界になってほしいものです。

ところで、昨年はノストラダムスの予言「1999年の7の月に人類が亡ぶ」があり、結局は平穏無事に過ぎましたが、じつは7番目の月の日（セプテンバー）に、日本では東海村の臨界事故という最悪の人災事故が起きました。

関係する専門家たちは誰も大きな声では言いませんが、かなり広範囲の住民が被爆したのです。

2000年代は、外部からの情報を正しく見る目を育てることが必要だと思います。

テレビやラジオなどの情報をすぐに信じてしまうことも、新しいことが正しいように思い込んでしまう性質になってしまったからなのかもしれません。

わたしたちは戦後、欧米諸国から多くの情報を一方的に得たために、生活習慣や食事、

もの の見方さえも変わってしまったようです。

お寺の生活をしていると、椅子に座ることなく畳の上で正座をし、ベッドではなく蒲団《ふとん》で寝て、また着物を着る機会も多くあります。

食事はいま流行の「粗食のすすめ」よりも、もっと粗食です。それでいて不自由なく生活しています。

朝早く起きて、食事の前にお経を読みます。夕方にまたお経を読んで、夜は早めに眠るのです。

お寺の生活は衣・食・住のすべてが健康的に機能しています。そして、仏教はいま、本当の心を失っている人たちのために、本当の自分を知りたい人のために、とってもすばらしい宗教だと思います。

さあ、お寺へ出かけましょう!!


（2000・1）

お寺は人を癒すための場所

毎日忙しさに追われているせいか、気がついてみたら、お正月が過ぎ、もう2月の節分が近づきました。

今年も時間とのバトン競走が始まりそうな、いやな予感がしております。

ところで、いま日本人の心の中に、お寺という存在がどんなふうに映っているのでしょうか？　どう考えても仏教、お釈迦さまの教えを伝えるところとは映っていないはずです。大多数はお葬式や法事、または死者を供養するところと、考えているはずです。

お釈迦さまが伝えたかった教えは、お葬式や法事のときに聞くお話ではなく、日常の中での生き方や修行のことから、「心の形」についてや、わたしたちの「生命の神秘」だったのだと思います。

僧侶は仏教を伝えること、その教えを自分でひとつひとつ経験することが、仕事だと思います。

そして、世の中で傷ついた人を癒すための場所として、お寺があるんだと思います。少なくともわたしたちは、そう思ってお寺の生活を楽しんでおります。共にお経を読み唱え、瞑想しましょう。

さあ、お寺へ！　それが癒されるためのキーワードです。

（2000・2）

家業ではないお寺の役割

お盆が近づくにつれ、お寺は活気に満ちてきます。わたしどもの寺は、檀家やお墓が多いわけではありませんが、この死者が帰ってくる行事のある7月、8月は、なぜか忙しい感じが寺全体を包みます。

お寺と死というつながりが、わたしたちの仕事のすべてではありませんが、出家して袈《け》裟《さ》、衣《ころも》を授かった者が護り住む寺という場所は、この現代社会にあって、いまどんな役割を担うべきなのかと、ふと疑問に思うことがあります。

昔の寺では、占いや加持祈禱《かじきとう》による病気治しから治水技術まで、はたまた戦争の方法まで指導しており、僧侶は善知識と呼ばれ世間のオーソリティー、すべてに詳しい人とされていました。

いまはどうでしょう。現代のお寺は、なんと家業となり、職業欄には葬儀法要の執行者として僧侶の名前が載っています。

しかし、わたしども在家から出家した僧侶の寺は家業ではなく、修行の場となっています。いま、わたしどもの寺には僧侶になろうと修行する人が数人おりますが、いっしょに修行しながら「できれば、世の中の人びとのつらいこと、楽しいことなど、わかりきっていることをあたりまえのように体験してほしい」と思っています。

いま、世間一般の人びとには期待されていないお寺であっても、多くの人はそれでもお寺になんとかしてもらいたいと思っていることを、わたしは感じています。僧侶となってそんな世間の思いに応えるには、つらいこと、楽しいことをいっぱい体験することが必要です。

そして、僧侶になって世間からは、見えにくいあたりまえのこと、本人にとってはつらいことですが、「それが聞けるようなものの見方ができるようになる」と伝えています。

いま、出家して世間とどこかで線を引き、信行《しんぎょう》生活に励むことで、家業ではないお寺のあり方、僧侶の生き方が見えてくるのではないでしょうか。

ものごとには動機があります。同じことをするのでも、たとえばお寺の草取りをするにしても、修行として草取りをすれば、自身の心の垢が清まりますが、檀信徒に汚いと文句を言われないために草取りをすれば、かえって心を汚してしまうものです。（2000・7）

忙しさに心の癖が顔を出す

来寺なされる方々のお話をうかがっているうちに、ふと気づくと家族の声に耳を傾けず、外へ外へと気持ちも身体も向いてしまっている自分がいました。

忙しいという言葉にまかせて大切な言葉を聞きのがしてしまっているとき、その時間の流れに慣れっこになってしまい、昔からイヤだなと感じていた癖が顔を出していることがあります。家族ならわたしのことをわかってくれるだろう、後回しにしても許してくれるだろうという甘えの気持ちです。

忙しいときに、ワンテンポ、ひと呼吸おいてみて、幼稚園の子どもが草花や虫を見て歩いているように、ゆったりとした心で、風の流れや香りを感じられる時間が大切なのだと思います。

仏さまへのお給仕の時間に、ちょっとでも座って手を合わせてみましょう。そして、お経も唱えましょう。

（2002・4）

僧侶のあり方もレベルアップを

今年はわたしたちのお弟子2名が、女性の特別信行道場（剃髪）に入場し、6月30日に無事35日の修行を修了しました。信行道場で35日間の修行をするということは、僧侶としてプロになるということです。

それは自分自身の修行ももちろんですが、自分以外の家族や知人の、あるときはまったく縁のない霊魂のほうをも供養する立場になったわけです。わたしも経験がありますが、外見的には在家の方と同じなのに、違う人になったことを自覚するということは、少し変な気がするものです。

こういうことは、特別信行道場を出た人すべてが感じていることかどうかはわかりませんが、いま2人の新しい僧侶を迎えて、お寺の中も一日中読経の声が聞こえているような、エネルギッシュな道場になっています。

先日、ある新宗教の方から3泊4日の合宿修行の話や、年2回登詣する七面山の話を聞きましたが、たくさんの方が修行して神秘体験をしてみたいと思っているようです。

私たち僧侶のあり方も、少しずつレベルアップを求められているように思っています。

（2002・7）

寺を離れる（転住）にあたって

わたしが千倉のこの蓮重寺に嫁いできて、今年で18年目になりました。この寺で、子育ても、住職の荒行堂からの帰山式も、たくさんのことを経験しましたので、いざ離れるとなると、さまざまな思い出で胸がいっぱいになります。

僧侶になるということは、執着から離れ、俗世のしがらみも脱することだと、わたしは思っています。

「自分が良いと思うことが、かならずしも相手にとって良いことではない。正しい、まちがっていると決めることがすべてではない。自分が気持ちよくても、誰かがイヤな思いをしていることがある」と思うと、自己の価値観をもう一度白紙にもどすことが、出家なのかもしれません。

わたしは、お寺は常に僧侶と檀信徒の修行の場であり、道場でなくてはいけないと思っていました。その中で生活することで、子どもたちはそれなりに多くを見て、体験したことだと、当寺をとりまく僧俗のみなさまに感謝しています。

たくさんの体験をさせていただいた蓮重寺を離れるこの想いを胸におさめ、つらいと思わずに生活することが、いまのわたしの仕事なのだと思っています。

（２００２・９）

成道会を迎える

12月に入ると、毎年の行事である「穀断《こくだ》ち」が始まります。1日から7日まで、穀類・芋類・豆類以外の野菜・果物・海藻・きのこなら、なにを食べてもよいという、簡単そうでむずかしい1週間です。そして12月8日の成道会《じょうどうえ》を迎えるとき、お釈迦さまと同じようにお粥《かゆ》をいただくのです。

これは、わたしには荒行などの非日常を体験することはできませんので、日常の中で普通の生活を維持しながら「せめてこれだけは守りたい」という留守番の行《ぎょう》かもしれません。

毎日たくさんの野菜を3回、ゆでたり、汁にしていただくのですが、ご飯のように満腹にはならず、2~3日はおなかが空いて元気が出ないような気がします。でも4日目くらいから、そんなに食べなくても身体の中からエネルギーが湧いてくるのを感じます。1週間は野菜と汁だけなので、体温が下がり体が冷えてきます。それが8日にいただくお粥で体が温まり、穀類の甘みをとてもありがたく感じます。飽食の時代と呼ばれるいまの日本に生活している中でも、せめて一人の僧侶として自覚のある成道会を迎えたいと思っています。
（2002・10）

僧侶について考える

わたしたちはいま、お寺の近くに新居を構え、常不軽庵《じょうふきょうあん》と称して、面談やご祈禱《きとう》を行なっています。お檀家さんの持ち物ではない建物で、自由に生活していて気づいたことがあります。お寺の中にいると見えないこと、まったく聞こえてこない現実が、世間では起きていると思います。

夫もわたしも、在家からこの僧侶の世界に入りました。しかし、一般的には在家出身といいますと、家族の誰かが、親兄弟親戚の誰かが、熱烈な日蓮聖人の信仰者であったり、法華経の信仰者であったり、そういう影響のもとに出家するというような場合がほとんどのようですが、わたしたちの場合には家族に日蓮宗の信者はまったくいません。

ですから、親戚や兄弟などの不信心な世間の声がよく聞こえてきます。主人の場合は東京の親戚筋、わたしは札幌の親戚筋、それぞれ社会的にはそれなりの仕事や地位を築いている親戚とつきあっていますと、寺院仏教や僧侶にたいする世間の生の声が聞こえてきます。

わたしたちにとって悪口といえるような声までも聞こえてきます。僧侶を「ありがたい」と言う人はごく希であって、それこそ「坊主丸儲けでいいですね」などと、すべてのお寺がそんなことはないのに、そんなふうに言われている現実もあります。

先日は週刊誌の漫画に「僧侶が人として尊敬できない」とまで書かれているのを見て唖《あ》然《ぜん》としました。実際に、お寺の立場でボランティア活動をしても、「なにをしてるんだかね？」と胡散《うさん》臭いような印象をもたれますが、社会事業の一環で、立正福祉会「健やか家庭児童相談室」の責任者の名目で行なえば、同じ僧侶がしていても、世間的な受けとめ方が違います。釈迦寺の住職ではなく、博士号をもつ大学の講師という立場でなら、世間は好感をもってくれます。いま現実的に僧侶のイメージは、わたしたちが思っている以上に悪いように思います。

これはたまたま私の周りの人たちだけが感じていることなのかもしれませんが、千葉県のあるところでは、住職が気に入らないから「僧侶抜きで法事をした」ということも起きているそうです。檀家に気に入られなかったら、僧侶は「大変だ！」と思うか、どのように思うのでしょうか？

以前に「僧侶は心の町医者たれ」というお話をうかがったことがありますが、いい言葉だと思いました。僧侶は心と身体について知ることが修行のひとつですから。

最近、日蓮聖人のご遺文の講習を受けていますが、鎌倉時代の僧侶も、手紙を受け取った人も、その時代に手紙を読めたくらい、その時代では学問のできた方々であったはずです。学問のなかでは、暦にある九星気学などが基本だったようです。

いま世間で風水などの気学が流行《はや》っていますが、わたしたち僧侶はその道のプロであることに気づいて学ばなければなりません。

「僧侶全体の質を上げる」という言葉を聞きました。それが無理でもせめて女性の僧侶として、食事や日常生活の着衣喫飯の指南役ぐらいはできそうに思います。カウンセリングというと変ですが、日常の中の相談役、心の町医者のようなことなどができたらいいなと思います。

ところでアンケート調査をしてわかったことですが、うちの檀家は半分ぐらい、新宗教に関わっています。そこで彼らは修行しているのです。なかには数日こもって水行したり、霊感修行で自分の罪障などを浄化しているといいます。その方たちは「お寺は大事です」と言いながら、「葬儀はお寺で、信仰は新宗教で」と言ってのけます。

その方たちは先祖供養を自分自身の浄化として行なっており、供養ということも自分の生き方を求めて行なっております。そこでは公然と、お寺で戒名《かいみょう》をいただき位牌《いはい》を作っても、新宗教の法座で総戒名をつけてもらい、過去帳に記載することを勧めています。安い毎月の会費で自分の先祖供養ができるという主旨でやっています。

いま、僧侶の立場は風前の灯火《ともしび》かもしれません。わたしたちのアンケート結果で、なにかが大きく変わるとは思いませんが、今後は小さいことから自分の信仰で積み上げていきたいと思っています。

わたしたちは本当の信仰を求めています。お経を唱えながら、人生という巡礼道を歩みましょう。

（2003・4）

暦は災難を避ける知恵袋

釈迦寺では暮れになると、新年度の暦をお配りします。若い方々にはあまり馴染まないものでしょうが、じつは昔の人にとって、この暦は災難を避ける知恵袋だったのです。そしてお坊さんは、その暦を見るプロフェッショナルだったのです。

星まわりは九年間で一回りする九《く》星を見るのですが、その暦で、自分の星がどこに位置するかで判断します。

たとえば、暗剣殺《あんけんさつ》や八方塞《はっぽうふさ》がりなど、みなさんも聞き覚えがあると思います。

八方塞がりと聞けば、なにか悪い予感がします。しかし、この場所はちょうど真ん中で、まわりの様子がよくわかる場所ですから、「周囲をよく見ながら動くな」とも受け止められます。

つい最近、わたしの家の隣の土地が売りに出されましたが、八方塞がりでしたので、とりあえず動かずに傍観することにしました。

そうしましたら、またその隣の土地も急に安く売りに出され、地価が下がる予感です。もちろん、家を建てたり仕事を始めるときにも暦を見るものです。昔の人は、着物を縫うための断ち切りにも日を選んだくらいでした。

なにかのときには、ちょっと暦を見てみてください。わからないときは、お寺の人に聞いてください。きっと「あぁ、そんなふうに見るのか」とわかると思います。

（2005・11）

お寺は生きていくための知識の宝庫

お彼岸明けの日に、一人の人が亡くなりました。行年61才で結婚せずに一人暮らしでした。昔のような親子代々が暮らす家でなくなってから、子育ても、病も、死も、日本はどうしていいかわからない国になってしまったように思います。

核家族で子育てをしていると、不安なことがたくさん出てきて、「こんなの大丈夫！」って誰かが言ってくれると安心するのに、大泣きする子どもを抱えて、途方に暮れることがあります。

幸いわたしは、お檀家さんたちが事あるごとに寄ってくれて、声をかけてくださったので、本当に助けていただきながら子育てができました。

病気になったときも「それはこうしたらいい」「ここへ行けばよくなる」と教えていただき、「家でもし誰かが亡くなるときには、まわりの人はこうするものだ」ということも教えていただきました。

亡くなる人も、あとはまわりが引き受けてくれる中で亡くなれる。そんな社会がありました。

いまは、まわりの人に干渉しない社会なので、なにをしても勝手なかわりに不安があると思います。

寺は、生きていくためのいろんな知識の宝庫です。子育てでも、病気でも、方位でも、なんでも聞きに来てください。ご祈禱日には近所のおばあちゃんたちも来て、いろいろなことを教えてくれます。

いつでもお寺に来てください。いっしょにお経を読みましょう。

（２００７・３）

お寺は生きているときに通う場所

先日、葬儀のあとの席で「うらぼん」について聞かれました。「裏盆」と書くと思うと「表盆」がありそうですが、これは「逆さ吊り」という意味のサンスクリット語「ウランバナ」の音を漢語に当てて「盂蘭盆《うらぼん》」としたものとされています。

ですから、「お盆」＝「盂蘭盆」なのです。お寺は先祖を供養するところ、仏とは死んだ人のことだと思っている人が多いようですが、じつはお寺は生きているときに仏教を学び、修行して自分を知るところです。

仏教の「仏（ブッダ）」も、サンスクリットの「知る（ブドゥ）」という語根からできた言葉で、仏教は知る教えですから、そこにはあらゆる生き方が昔から伝えられています。

その中には、暦の読み方から、季節と食べ物の注意、自分自身の悩みの解決法など、役立つことがたくさん述べられています。

ぜひ、お寺に来て質問してみてください。

（2007・9）

著者紹介

影山 妙慧（かげやま　みょうえ）

1960年　北海道札幌市に生まれる
1979年　札幌市立開成高等学校卒業
1981年　東京㈱C.D.Cに勤める傍ら
　　　　講談社童画イラスト講座を受講し修了
1985年　影山教俊と結婚
1988年　長女出産　マクロビオティックを始める
1990年　長男出産
1994年　生活クラブ生協鴨川の発起人となる
1996年　日蓮宗特別信行道場（日蓮宗教師）
1997年　アーユルヴェーダ専門科コース修了
1998年　次男出産
2001年　日蓮宗全国女性教師の会発起人となる
2005年　日蓮宗霊断師会相伝講習会修了
2007年　千葉県民生・主任児童委員に任命される

現住所　千葉県鴨川市貝渚2929 釈迦寺 〒296-0004
　　　　URL: http://homepage2.nifty.com/muni/

寺《てら》からの手紙《てがみ》　元気《げんき》をもらう98章《しょう》　ISBN978-4-336-05151-6

平成21年10月15日　初版第1刷発行

著者　影山妙慧

発行者　佐藤今朝夫

〒174-0056 東京都板橋区志村1-13-15

発行所　株式会社　国書刊行会

電話 03(5970)7421　FAX 03(5970)7427

E-mail: info@kokusho.co.jp　URL: http://www.kokusho.co.jp

落丁本・乱丁本はお取替えいたします。　印刷 モリモト印刷㈱　製本 ㈾村上製本所